抓住起涨的第一信号

庄会军　著

地震出版社
Seismological Press

图书在版编目(CIP)数据

抓住起涨的第一信号 / 庄会军著. — 北京：地震出版社，2019. 4
ISBN 978-7-5028-5048-7

Ⅰ. ①抓…　Ⅱ. ①庄…　Ⅲ. ①股票投资－基本知识
Ⅳ. ①F830. 91

中国版本图书馆 CIP 数据核字(2019)第 011256 号

地震版　XM4356

抓住起涨的第一信号
庄会军　著
责任编辑：吴桂洪　王凡娥
责任校对：凌　樱

出版发行：地　震　出　版　社
北京市海淀区民族大学南路 9 号　　邮编：100081
发行部：68423031　68467993　　传真：88421706
门市部：68467991　　传真：68467991
总编室：68462709　68423029　　传真：68455221
证券图书事业部：68426052　68470332
http：//seismologicalpress. com. cn
E-mail：zqbj68426052@ 163. com
经销：全国各地新华书店
印刷：北京兴星伟业印刷有限公司

版(印)次：2019 年 4 月第一版　2019 年 4 月第一次印刷
开本：787 ×1092　1/16
字数：141 千字
印张：9. 5
书号：ISBN 978-7-5028-5048-7/F(5764)
定价：36. 00 元

谨以此书献给我挚爱的家人、朋友和读者们

目　　录

前　言

所有过往走势，都是未来依据；

所有顶部底部，尽皆来源过去。

技术分析就是对研究对象的历史走势进行分析和总结，以期未来它还会按照以往产生底或顶的理由产生可预见的新的底或顶。在本书中，我没有讲解基本面分析和技术分析在趋势的各个阶段的有效性，也没有讲解中外股市获利方式和回报率的差异，更没有讲解上涨、下跌和横盘走势这几种结构的规律来源。在很多书里，作者都希望研究这种规律，找到其来源，并试图制造出可利用的规律，我认为难度太高，不如直接利用看得见的规律来指导我们操作更务实。

在2013年初出版的《中国股市的走势及测算——黄金分割线的运用》一书里主要讲的是无中生有、穿越和虚弱及半月形态三个定式，这些都是我们看得见的现象，书中还对上证指数未来可能的走势做了简单的预判，后来市场五年的运行最终验证了当时的预判是正确的，这就证明了这套技术分析理论的可行性。2015年最新版发行后，此书大热，很多朋友和读者都希望我能再出几本简单易懂的技术分析类书籍，但因为某些原因一直未能如愿，遗憾至今。

从2017年下半年至2018年上半年在和读者交流中，发现他们对技术分析知识的了解很不全面，于是我把自己的一些感悟整理出来与他们共享，前后共二十章，这就是本书的来历。在此特别感谢袁文静小姐帮我把前八课的语音转化成文字，至于后期的十二章课程我会力争在2019年转化为图文。

因为要刊印成书，所以交流课的内容不可能全部变为书本内容，最明显的就是，每天对大盘、热点及自选股的分析，在本书中几乎没有提及，同时关于它们的一些问题也很少出现在书中。虽然这样会影响大家学习理解这些买进定式的速度，但为了阅读的连贯和流畅只能割爱，不过，本书对涉及的各种买进定式的理论知识和案例进行了补充。

对于书中用到的例子，我尽量用2016年2638点以后的走势数据，这样大家印象会深刻一点，特别是新股民，对理解这些知识会有所帮助，但这并不是说，历史上的走势就不符合我教给大家的买进定式了。当然，如果你们乐意，可以自己去验证在不同的时间段里，这些分析方法和原理是不是完全可用且准确率相同。

为了照顾不懂波浪理论的人，书中所用的例子需要用波浪理论来表达时，除非特殊情况，都可以用二分浪，即一个完整的八浪结构来理解。

本书我已多次修改，力争让口述的内容变为文字后大家读起来更顺畅、更易懂，若还是有不连贯的地方请多多包涵。

其他的不再多说，读者去寻找自己喜欢阅读的内容吧！

庄会军

2018年10月2日

第一章

一剑封喉——出人头地买入法

首先调试软件，我们用证券公司免费的通达信软件，走势图要求前复权，均线系统要求用 MA2，设置 8 条均线，参数是 5、20、60、120、250、500、750、1000，分别代表周、月、季、半年、一年、两年、三年、四年，至于你们想微调个别参数那是今后你们在实际操作中的事。

看以下的 3 个图例，问问自己为什么这里会涨，或者说为什么这里才是正确的买点确定信号？如图 1－1 至图 1－3 所示。

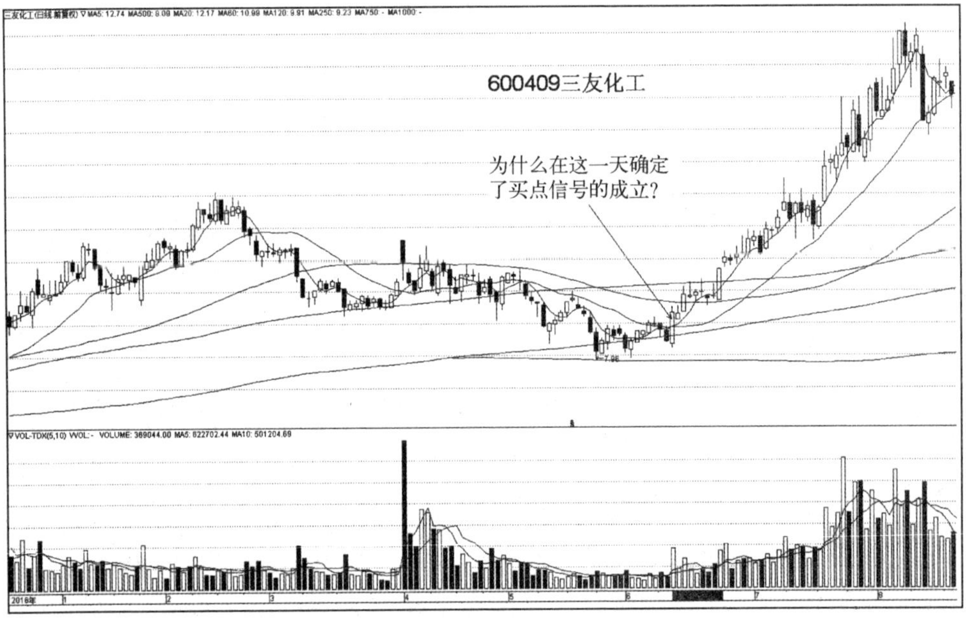

图 1－1

继续往下阅读，最后读者一定会恍然大悟。

如果从筛选个股角度来研究分析，我个人认为技术分析可以拆开来理解，它包含两个方面：第一个是从点的角度来分析，也就是通常说的某一根或者某一组 K 线所带来的含义；第二个是从面的角度来分析，这个方面包含的内容就较多，比如趋势、结构、成交量、空间、时间、各类指标、政策性导向等，而本书的内容就是从点到面逐步进行的。

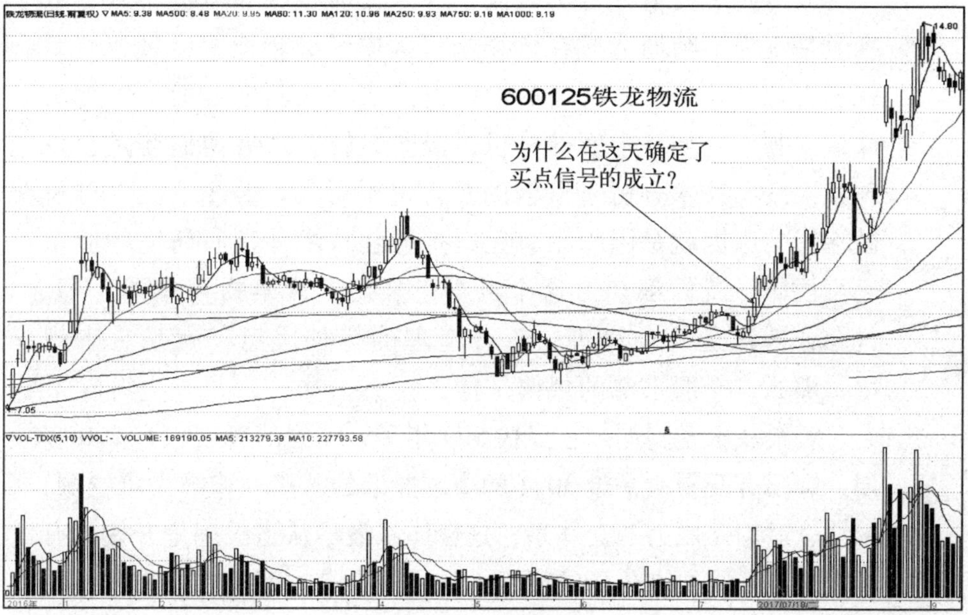
600125铁龙物流
为什么在这天确定了
买点信号的成立?
14.80
7.05

图 1－2

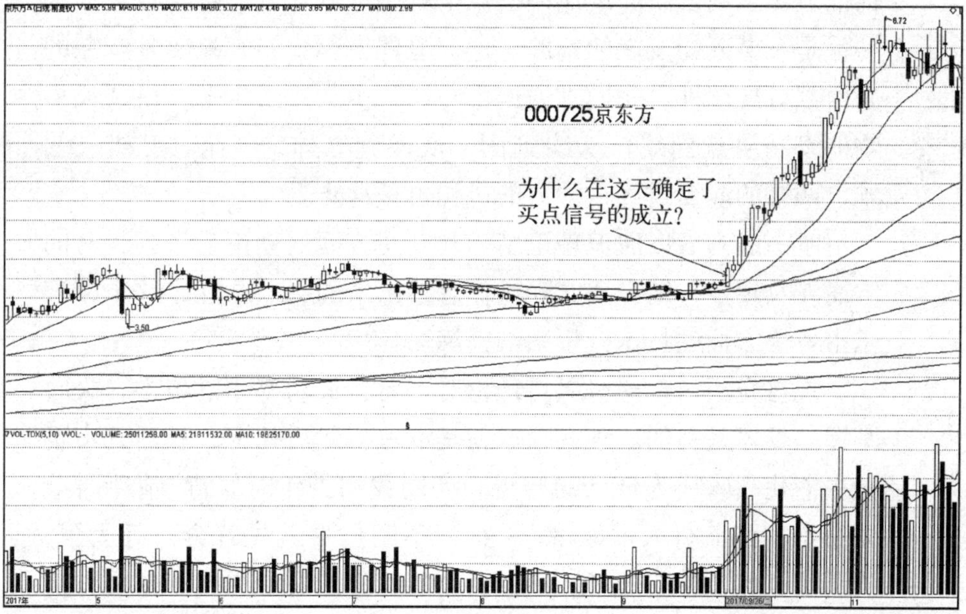
000725京东方
为什么在这天确定了
买点信号的成立?
3.50

图 1－3

很多人对技术分析不认同，原因无非是因为掌握不好，或者说是因为不精通造成在市场上只赚取了经验却亏了钱，然后就不再相信技术分析，之后他们自然认为从其他方面可以解决这个问题，比如基本面的分析，但兜兜转转之后他们还是会发现如果没有技术分析来做辅助是肯定不行的。实际上技术分析做不好的原因就是因为没有完全把握住技术分析所研究的股市运行规律。我们都知道这个世界上任何客观事物存在即合理，这个合理就是符合道理，符合道理的言外之意，就是它有规律。那么，个股上涨的规律是什么呢?

股票从出现到如今已经快500年了，美国的股市也有200多年，中国有交易所是近30年的事。股票的涨跌规律被大家挖掘、总结、运用而成为一套体系，这套体系最早从道氏理论开始，有很多人不认同技术分析的原因不是说他人笨，而是在这方面找不到规律或者根本就没有去找。

《韩非子·主道》里就说过“道者，万物之始，是非之纪也”。何谓道，事物发展的规律性也！也就是自然界万事万物存在的奥秘，是万事万物发展的根源。这个道理告诉我们，只要是存在的东西都有规律性。我们常说道生一、一生二、二生三，就是说事物的发展从点到线，从线到面，从面到立体，一维、二维、三维、四维的演变过程，学习的过程也是这样。

本书的内容以波浪理论结构和空间方面的理论为根据，时间方面涉及较少，结合我实际操作总结出来的买点原理，这个原理是由各个方面的技术分析归纳提炼。

现在先不讨论这些买点理论对不对，成功率才是根本，吸收掌握多少才是目的。现在大家就是学习，然后死记，最后到市场上去消化吸收成为自己的知识。如同我们少年时候背“清明时节雨纷纷，路上行人欲断魂”一样，不明白那就先背会，等大了，经历了自然也就明白了，所以，今后等你们灵活应用了这些方法后再尝试去修正。

现在开始讨论实际操作过程中的第一步——买点，很多人做梦都想知道精确的买点，买卖点的精确把握是最基本的操作。开涨了才是买点，开跌了才是卖点，这个原理来自于道氏理论。那么为什么说开涨了就要买进呢？因为开涨可能确定是一个上涨趋势的开始。为什么开跌就是卖点呢？因为开跌可能就是下跌趋势的开始，所以说追涨杀跌乃千古第一真理！

如果你操作股票有一段时间了，你自己回味下，到底是追涨赚钱的概率大还是抄底赚钱的概率大，别和我说你追涨赚钱没有跑又给套了，这个话题和本段所要表达的意思不相干。

很多人常常带着批评的口气说散户做股票亏损就是因为追涨杀跌，这话我是反对的！在股市里的各种战法说法千千万万，你看涨他看跌，他看跌我看涨，在交易软件的盘口中，买和卖几乎都是同时进行的，各方谁也不会认为自己是错的。你判断的依据用道氏理论，我就用四度空间理论，你用四度空间理论，我用缠论，你用缠论，我用江恩理论，你用江恩理论，我用波浪理论，你用波浪理论，我还有随机漫步理论和佛系炒股理论呢。乱哄哄的，谁也说服不了谁。

但是，我一直强调，做股票一定要有一个正确的买点才能较好地保证有收益，如同做事有个良好的开端，那么顺利的程度就会大大地增加一样，所以买点正确性的作用远大于卖出的正确性！沿着一个正确的始点比较容易寻找到合理的卖点，但一个错误的买点往往需要反复地修正才能得到正确的卖点。

也许这句话很多人不服气，那些所谓的高手会告诉你会买的是徒弟，会卖的才是师傅，但我对这句话的反感程度如同对随机漫步理论和佛系炒股的讨厌程度，甚至更甚！无知者和无能者最大的本事就是混淆视听，文过饰非！

为什么这么说呢，我们不妨假设一下，才买进的一只股票就跌了七个点，你卖与不卖都是亏损了七个点，问你，设止损位了吗？破位了止损了没有？假如你说，破止损了，得止损了，这时候你还是可救之人；如果说没有设止损，跌就跌吧，明天说不定就会上涨，那么你这个人就无药可救了！亏钱换来的却是错误的经验，越亏越大了！

不管怎么找理由，是不是确定先亏损了七个点吧？再假设，刚买进的个股就涨了七个点，可能不会急着卖，因为上涨趋势可能形成了，后期还会赚得更多，结果分两种，第一种真的继续上涨了，真的赚得更多，第二种是下跌了，那么等跌到只剩两个点利润的时候你再去卖会怎样？还是赚了！所以事物发展的起始阶段一定要正确，最少不能是完全错误！因此我才会说，会卖的不一定是师傅，但会买的一定是师傅。

开始阶段我给大家主要讲买点理论，后面会牵扯到卖点，而且是单独成章，买卖是一个完整过程的两端，它们运用的技术分析原理基本都是一样的。为什么很多人通常在乎卖的精确而不大在乎买的精确呢？因为我们都有情绪的波动，比如说有个人，少年青年的时候日子过得不太好，但等到老了，子孙满堂，家庭幸福，一家人其乐融融，又非常好，让人羡慕。所以很多人一般都在乎结局，就跟看电影一样，悲伤的结局会让人很沮丧，甚至会讨厌这个编剧或者导演，就是这个理。人类通常就是一群喜欢皆大欢喜的人，所以很多人在做股票的时候觉得会卖才是重要的，因为它终结了一个过程。

但我不禁要问，你既然会卖，难道你就不会买吗？而我却始终认为操作股票起点比起终点要重要得多，这里提醒大家，可别想当然地认为我不重视卖点的重要性。如果你去寻找一个正确的终点，而从一个错误的起点开始，那中间的阶段你去反复地纠正修改就会很累。

大家学习技术分析较为科学的方法就是沿一条线走：先系统地学习 K 线知识，再学道氏理论，最后有选择地系统学习趋势理论，到这里是个分叉，前面这些都是内功，内功完了之后就要去练外功了，也就是把自己掌握的内功发出去，那么“波浪理论”

“江恩理论”“亚当理论”“缠论”等存世较长的分析操作理论就是很好的选择了，当真的把这些理论都掌握了你就会发现，买点真的就是涨出来的！

如果到现在你还在否认这个结论，那我问你，难道涨了不是确定上涨趋势的开始而不停的下跌走势才能确定上涨趋势的开始？难道不追涨却要跑到下跌势里去不停地买进？所以我才会说追涨杀跌是千古一理，问题是如何追涨，何时何价追涨才具有合理性。

买进之前应该选什么样的股票去操作呢？第一点，先看大盘环境。注意这里的用词，是看大盘环境，而不是去预测大盘明天或者之后是下跌还是上涨。所谓大盘的环境，就是现在大盘所处的结构位置适合操作不，适合操作就去操作，不适合操作就要先停手买进，这样来分析是不是就比预测明天大盘是涨还是跌容易多了？而且准确度提高了不是一星半点儿，也较容易掌握。至于如何判断这个操作环境，慢慢听我道来。

那么，在什么时候很难选出好的个股呢？不是大阴线这天很难选股，恰恰相反，这一天很好选股，为什么反而这天比较好选股呢？大家想啊，有个我们都耳闻能详的现象叫作羊群跑驴，谁显眼一眼就看出来了呀。比如在上升行情中，哪怕大盘是小阴小阳这天去选股票，每天选三四百只或者五六百只都很正常，要是阳线实体再大点，范围还会增加，然后就是费心扒拉地去精挑细选，而如果大盘出现稍大的阴 K 线回调，这时候强势股或者说强势板块就会变得非常显眼，所以在大盘可操作环境下每次回调的时候去选股票比较好选。大家可以去判断，在一个明显可以把握的下跌行情中大盘是阴线时选股容易还是阳线时选股准确率高。

还有一点我是确定的，当大盘涨到某一个结构高点的时候不好选个股，而且是非常不好选，这时候就需要谨慎了。当然，如果判断大盘某一个上升结构马上就要终结，甚至下跌可能要开始了，这个时候应该要有明确的想法。比如 2018 年 1 月 29 日晚间，当时我就以为大盘见顶的系数很高，在之前的周日（1 月 28 日）我就明确和我的学生们表达了这种担忧，见图 1－4 和图 1－5。

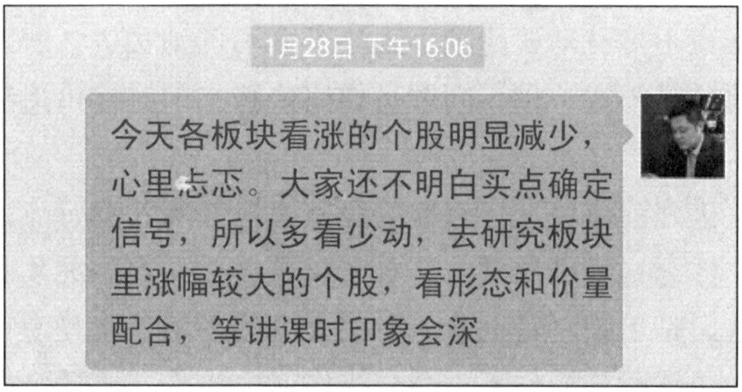

图 1－4

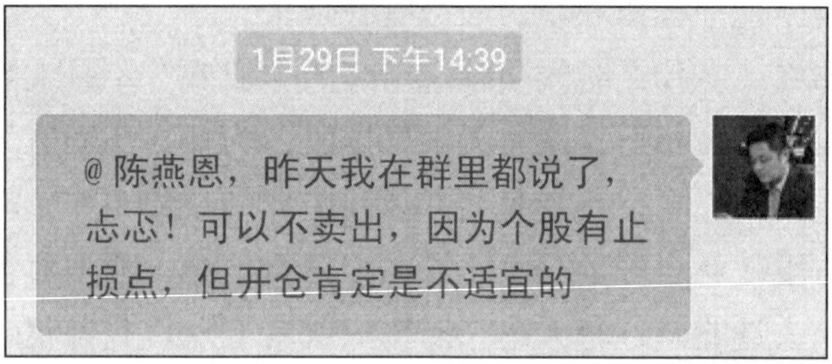

图 1－5

当日晚间开始讲课时，我重复了这个观点，希望不要开新仓，手中个股一旦破了止损位一定要当机立断，至于学生们信与不信，做与不做，我不能强迫或者干涉。

那么大盘处在什么环境下又可以开新仓了，见图 1－6 和图1－7。

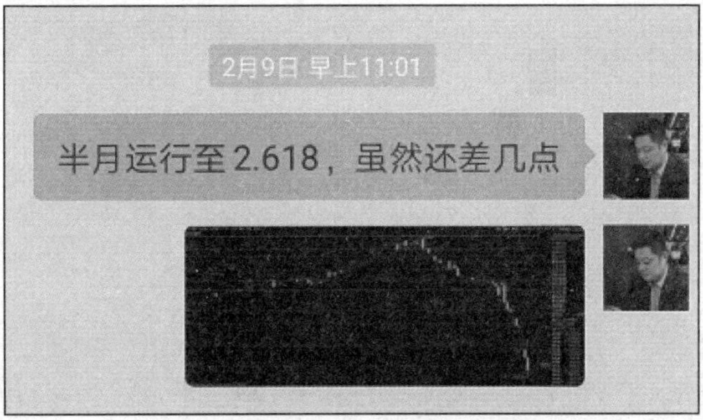

图 1 – 6

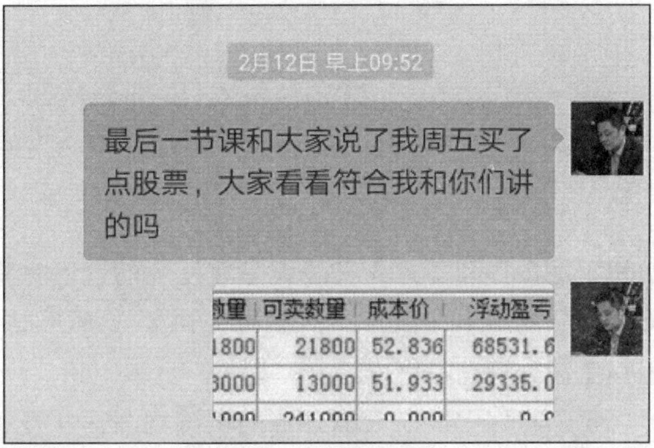

图 1 – 7

在图 1 – 6 里，2 月 9 日早间 11 点左右我说“半月运行至 2.618，虽然还差几点”的理论基础来源于黄金分割线的运用，到下午 2 点过后才完成这个比例关系，那么这个时候才是从 3587 点开始下跌以来第一个可以考虑买进的时机，现在我把图 1 – 6 里的内容用图 1 – 8 再一次讲解，便于大家理解。这里运用的是空间分析方法，后面第七章专门讲述。

后来，从 2 月 12 日开始，群里就下起了红包雨，只要他们自己研判后买进的个股涨停了就发红包，我呢，就抢！

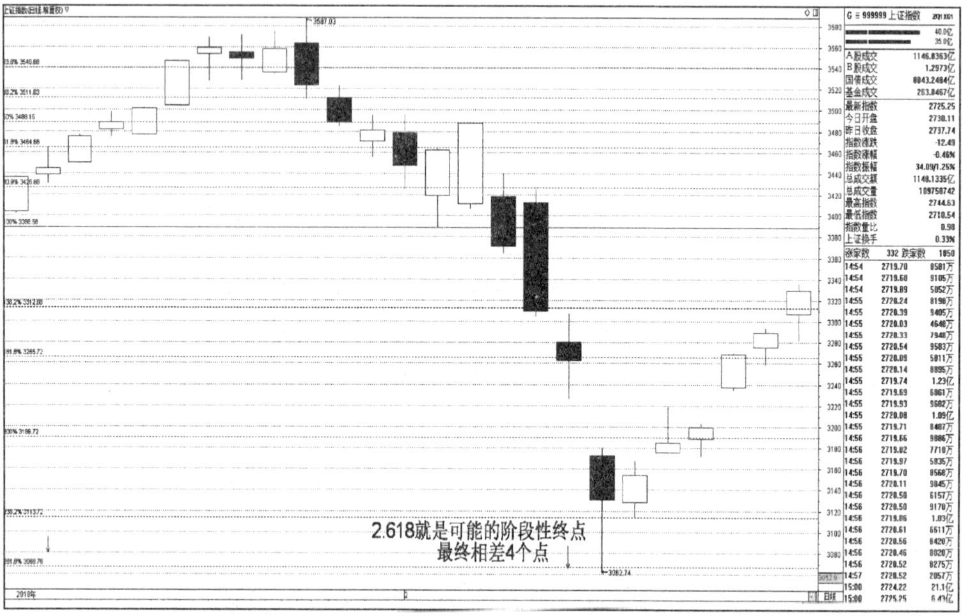

图1－8

期间2月2日和2月5日两天是有反弹的，当时我为了让学生们管住自己的手不要急于买进，反复讲了V形反转的延展性，可谓用心良苦。

之后我还有好多次对大盘环境的精确判断，并及时告诉了我的学生们，但当时并没有注意保存讲课资料，缺失了不少，现在先看两个点位的材料。

其中一个是3月21日开始下跌的头一天我明确表达了我的观点，见图1－9。

另外一个是8月20日开始反弹的头一天（周日）我通知学生们上课，来听我讲对于大盘的判断，课上我明确表达了我的观点，大盘要进行一个小级别的四浪反弹上涨行情，当时是3个级别的四浪结构的重叠，见图1－10。这里运用的是结构方面的理论。

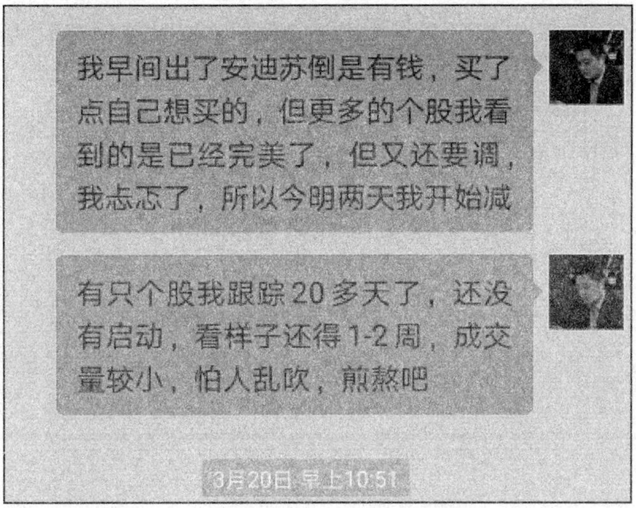

图1-9

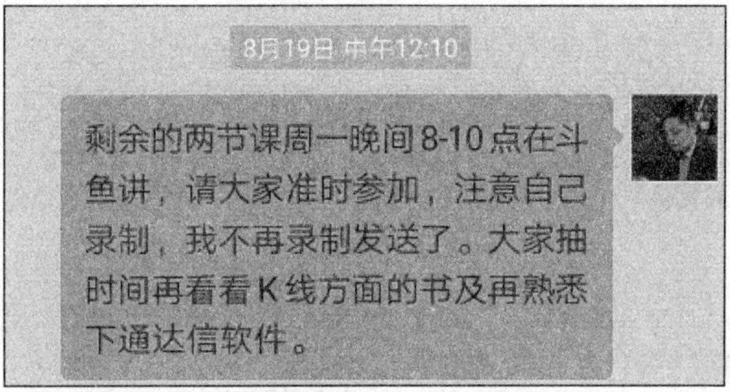

图1-10

从以上的讲述来看，大家能看明白几个道理？第一，买点和卖点不是很难判断，难的是没有正确的方法；第二，买点的重要性绝对不会低于卖点的重要性；第三，也是最重要的一点，大盘环境至关重要！

所以，要把大盘环境的判断作为股票操作的第一要素，而第二要素就是热点，即板块的选择。第二点很多人都深有体会，同时买进几只个股，有的就涨得好，有的就不好，甚至跌，为何？

图 1－11

通常涨的都在热点板块里面。现在我给大家交割单(图 1－12 至图 1－19)，这些基本都是买点正确，至于卖点，反正都赚钱了，高卖低卖不都是乐呵呵的吗?

20170907	13:09:34	002876	三利谱	买入	66.200
20170907	13:09:34	002876	三利谱	买入	66.200
20170907	13:01:03	002876	三利谱	买入	66.190
20170907	13:16:33	002876	三利谱	买入	66.100

图 1－12

成交日期	成交时间	证券代码	证券名称	买卖标志	成交价格
20170904	10:17:12	603180	金牌厨柜	买入	79.220
20170904	09:30:05	603180	金牌厨柜	买入	79.213
20170904	09:30:02	603180	金牌厨柜	买入	79.020
20170904	14:03:08	603180	金牌厨柜	买入	77.999
20170904	14:59:42	603180	金牌厨柜	买入	77.940
20170904	14:09:28	603180	金牌厨柜	买入	77.389
20170904	13:55:59	603180	金牌厨柜	买入	77.340

20171016	10:24:34	603180	金牌厨柜	卖出	98.300
20171011	09:45:15	603180	金牌厨柜	卖出	94.000

图 1－13

△证券名称	委托日期	委托时间	买卖标志	状态说明	委托价格	委托数量	委托编号	申报序号	成交数量	成交均价	证券代码
华夏幸福	20180103	10:11:46	买	已成交	33.880	30000	4379	5010001190	30000	33.880	600340
华夏幸福	20180103	10:12:33	买	已成交	33.930	40000	4457	5010001202	40000	33.898	600340

图 1－14

成交日期	成交时间	证券代码	证券名称	买卖标志	成交价格 ▽	成交数量	成交编号	委托编号	成交金额
20171222	13:04:20	600392	盛和资源	买入	16.160	80000.00	1138	159	1292800.00
20171222	13:42:08	600392	盛和资源	买入	16.000	80000.00	1139	160	1280000.00

图 1－15

证券代码	证券名称	证券数量	可卖数量	参考成本价	参考市价	参考市值	参考盈亏	▽盈亏比例(%)
600392	盛和资源	120000.00	120000.00	15.129	21.2200	2546400.00	730908.22	40.260

图 1－16

证券代码	证券名称	证券数量	可卖数量	参考成本价	参考市价	参考市值	参考盈亏	▽盈亏比例(%)
603505	金石资源	53400.00	53400.00	14.053	27.1500	1449810.00	699384.55	93.197
300609	汇纳科技	14200.00	14200.00	36.687	50.9400	723348.00	202398.65	38.850
603180	金牌厨柜	70000.00	70000.00	79.083	85.0100	5950700.00	414864.98	7.495

图 1－17

起始日期: 2018/ 5/ 7　终止日期: 2018/ 5/14

证券名称	委托日期	委托时间	买卖标志	状态说明	△委托价格	委托数量	委托编号	申报序号	成交数量	成交均价	证券代码
九洲药业	20180507	13:23:15	买	已成交	9.510	50000	14649	5010001965	50000	9.510	603456
九洲药业	20180507	13:22:55	买	已成交	9.560	50000	14630	5010001962	50000	9.559	603456

图 1－18

证券名称	证券数量	可卖数量	成本价 ▽	浮动盈亏	盈亏比例(%)	最新市值	当前价
九洲药业	100000	100000	9.537	215346.640	22.58	1169000.000	11.690

图 1－19

现在相信大家能明白了，在弱势中选股票就一定要选强的，绝对不要看股票已经跌了好久有了止跌的迹象而去抄底，真的这样做了那就等着赚经验值吧。所以说在弱势中选股有时候也是比较好选的，就那么几个板块鹤立鸡群，问题是你先确定了大盘现在是可操作环境了吗？

以上讲的就是股票操作中五点里的前两点，即第一大盘环境，第二选择好的板块，那么第三个就是选择个股及买入时机，买入时机包括买进的价位和时间，即在什么时间以什么价位买。比如2月9日尾市买的两只个股002466和300226（交割单见图1－20），这张交割单是2月12日上午快10点时抓取的，当日这两只个股双双涨停，其中002466天齐锂业（图1－21）经过一轮调整跌至年线后拒绝像大盘一样势大力沉般地下跌，9日这天更是带量突破了下降趋势线，且整个板块都有较强的表现，那么上面讲的三点都符合，买点信号确定成立，买进！

证券名称	证券数量	可卖数量	成本价	浮动盈亏	∇盈亏比例(%)
天齐锂业	21800	21800	52.836	68531.680	5.95
上海钢联	13000	13000	51.933	29335.000	4.35
沪新股额	241000	241000	0.000	0.000	0.00

图1－20

现在我们回头看看一开始给大家的三只个股买点信号确定成立的走势图（图1－1、图1－2、图1－3）。在图1－1中，三友化工600409经过一轮调整围绕年线盘底三次，2017年6月13日这天，一根涨幅5.6%的阳线放量上穿了年线、20日均线和5日均线，并造成了5日均线的往上翘，还有个现象大家也需要注意，那就是把8日的高点也过了，这样我们就会想当然地以为三友化工已经展开了上涨的趋势，从图中也可以看出后期确实有波涨幅近50%的走势。这个股票当初的操作，是按照后面讲的甩尾和三星捉腰带的定式买进的，见图1－22。

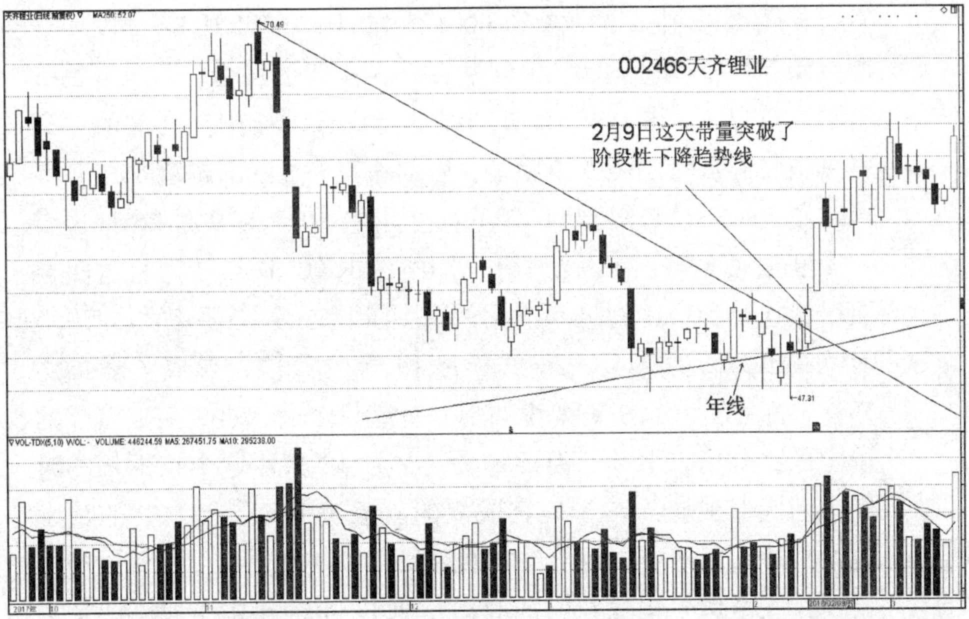
002466天齐锂业
2月9日这天带量突破了
阶段性下降趋势线
年线

图1-21

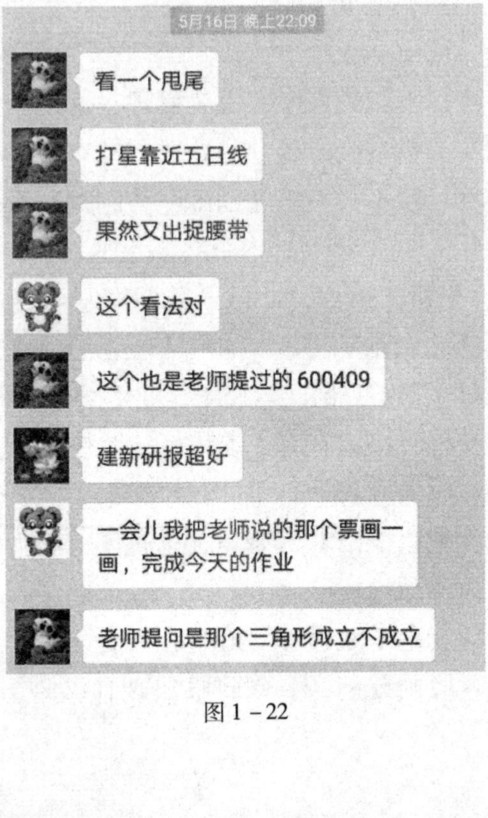
5月16日 晚上22:09
看一个甩尾
打星靠近五日线
果然又出捉腰带
这个看法对
这个也是老师提过的600409
建新研报超好
一会儿我把老师说的那个票画一画，完成今天的作业
老师提问是那个三角形成立不成立

图1-22

在图1－2中，铁龙物流600125在2017年7月17日以一个涨幅4.1%带上影线的阳线放量突破半年线的压力，且把7月5日的高点过了，起点是20日均线，而5日均线则在之前的一日被一根没有放量的阳线拉翘了，后期涨势形成后涨幅近60%。

图1－3是京东方000725的走势图，2017年9月26日这天一个涨幅4.5%的带量光脚有上影线的K线（K线形态里这叫捉腰带，这是种极度常见和实用的K线形态，务必要记住），从5日均线下方上穿，且突破了9月19日的高点，形成了涨幅达55%上涨趋势。这里需要说的是，对这只个股，这个买点信号的确定成立是第二次了，而第一次是9月18日，这个在不长的时间里两次形成买入信号确定成立的现象也一定要记住，非常常见，在后面的内容里也会反复用到。

这三个例子是我专门选的都是2017年的年中阶段，读者去看看这个时间的大盘环境如何，然后再去测算下当时大盘的涨幅是多少，就会明白在可操作环境下选对个股和选对买点的重要性了。

还有一点，不知道大家有没有发现，这三个图中箭头所指之处，也就是买点信号确定成立的地方，都有以下几个共同点：第一，刚从底部反转不久，也就是说涨势刚起；第二，买点信号确定成立这天的K线基本上是中阳线以上的级别（很多时候是涨停板）；第三，带量；第四，冲过了前期肉眼可测的小结构的颈线位或者冲击的欲望非常明显，加上从均线的角度来看完全就是个空翻多的架势；第五，5日均线明显往上翘了；第六，个股K线方面是阴阳交替，铿锵有力，走势简洁明快，成交量方面是错落有致，变化有序。

而我，就把这根阳K线带量冲击过某个阻力位的现象命名为一剑封喉，简称单过！

一剑封喉就是上涨趋势开始的第一信号！

有心人这时候就问，一剑封喉出现什么地方最好呢？答曰：

支撑位或者阻力位！要么从支持位一剑封喉，要么从阻力位下方一剑封喉空翻多！两者地位相当，看涨强度相当。

现在要求大家回去看图 1－12 至图 1－20 的交割单里哪些个股的买点具有我刚才分析的特点，再得出结论，这种一剑封喉的买入法是否可以克隆。这也是这一章的第一个课后作业。

操作的第四点是卖出的计划。既然买了那么什么时候去卖，这是至关重要的一步。卖出的方法又分为两种：第一种是客观的卖法，第二种是主观的卖法。客观的卖法就是拿黄金分割线来测算未来可能的阻力位来确定合理的卖点，或者按照葛兰碧均线的八大法则，等乖离率偏大的时候卖，或者卖在前期高点，或者是卖在成交量堆积区，或者卖在无量空涨和放量滞涨阶段，等等，这种按照某种技术分析方法得出的卖出位置就叫客观的卖法。第二种卖法，就是已经挣到了20%或者多少，觉得自己满足了就卖掉，然后再去寻找买点明确的个股再介入这就叫主观的卖法。这两种卖法的判断分不出来哪个更优，皆可。

现在来看两个操作。第一个是图 1－17 里的金石资源 603505，交割单见图 1－23。大家可能注意到了 9 月 8 日卖掉的

20170828	13:05:51	603505	金石资源	买入	23.214	15000.0
20170828	14:59:57	603505	金石资源	买入	23.190	26564.0
20170828	11:20:48	603505	金石资源	买入	23.188	25000.0
20170816	13:08:36	603505	金石资源	买入	23.000	68800.0
20170816	11:28:01	603505	金石资源	买入	22.888	57200.0
20170822	13:46:14	603505	金石资源	买入	22.880	30000.0
20170822	14:54:30	603505	金石资源	买入	22.700	19000.0
20170816	11:10:57	603505	金石资源	买入	22.630	20000.0
20170822	13:38:45	603505	金石资源	买入	22.600	1000.0
20170822	13:38:11	603505	金石资源	买入	22.500	50000.0
20170828	09:41:01	603505	金石资源	买入	22.350	30000.0

20170901	09:38:06	603505	金石资源	卖出	29.940
20170908	10:29:02	603505	金石资源	卖出	26.309

图 1－23

价格没有9月1日卖掉的价格高，但这不是重点，重点是为什么9月1日挂在29.94元成交呢，大家去看看就会知道当天的涨停板的价格是29.95元，而且是只维持了一刹那，尾盘收在了27.41元。太厉害了吧，这或许会是你的第一感觉，但等我说清楚了讲明白了你们或许更多的是惊喜。第一，注意看当天的走势图，这个成交单显然不是当时及时挂卖的，应该是提前挂好的，第二为什么提前挂在29.94元？那你看图1－24。能明白不？现在不明白也不要紧，等第七章讲无中生有买入法时就会明白了。可惜9月8日都卖光了，要是留点底仓，按照这个图里的分析方法说不定又能卖在下一个高点31.8元这个位置，信不？可别不信呀，要是不信，那就表示你们今后肯定做不到，那就让我失望了！

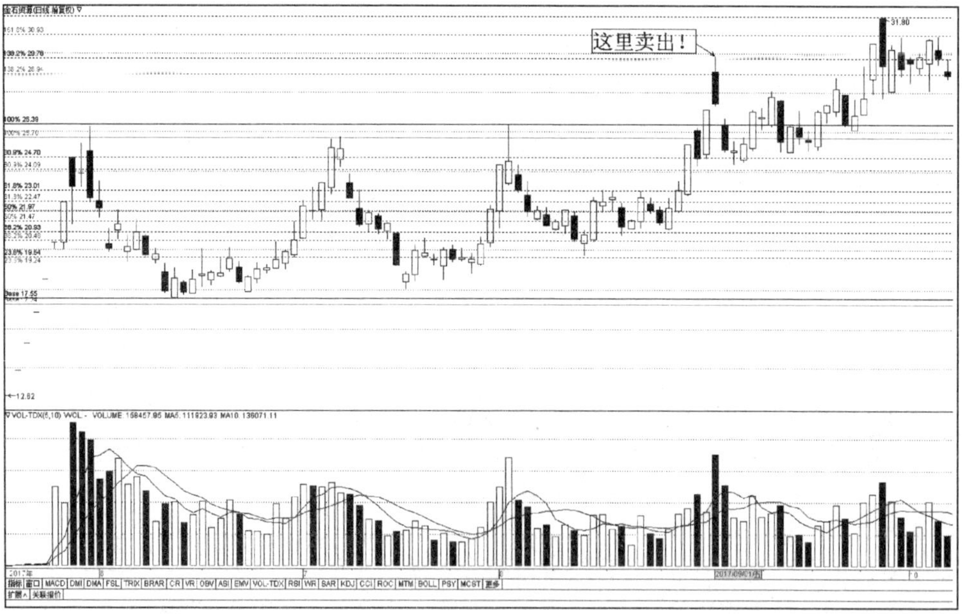

图1－24

再看永和智控002795，这只股票在4月27日出现买点成立确定的信号，只是一连串都是涨停板，犹豫一下就买不进去了（见图1－25和图1－26）。

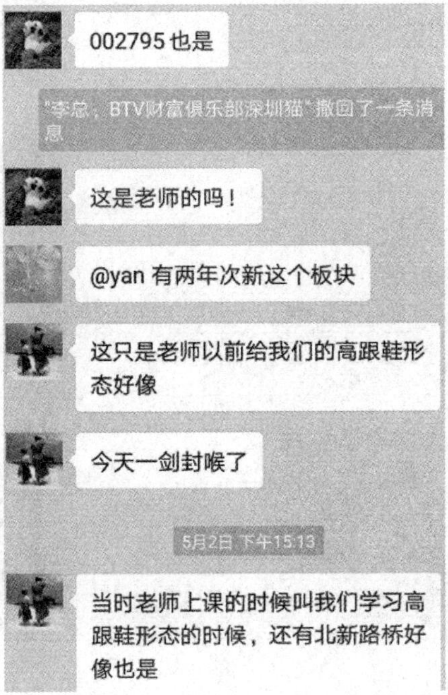

图1－25

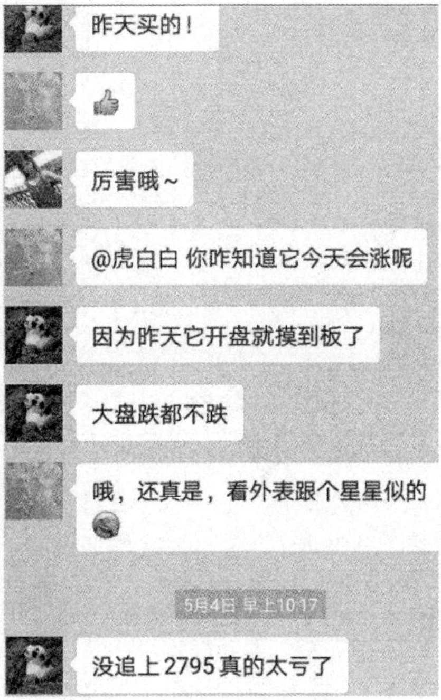

图1－26

当这个买点信号确定成立后于次日开盘后买进理论上妥妥的翻番利润，但按照客观的卖点理论我们很难做到这点，对吧？

至于卖点，这里简单提及，如图1－27所示，大家可以按图示揣摩卖出方法。

第五点是资金的利用率，这一点很简单，就是能有多少钱去买，依据第一点和第二点来计划用多少钱买，分几步买进，等等，后面会有详细的说明。

好了，讲到这里我把操作股票通常要考虑的五个方面全部讲述完了，现在总结：第一，大盘环境；第二，热点的把握，即优先操作板块的选择；第三，选择个股及买入时机，买入时机包括价位和时间的选择；第四，卖出的计划；第五，资金的利用率。

另外，个股选择方面一定要考虑：K线要阴阳交替，铿锵有力，走势要简洁明快，成交量要错落有致，变化有序。本章包含

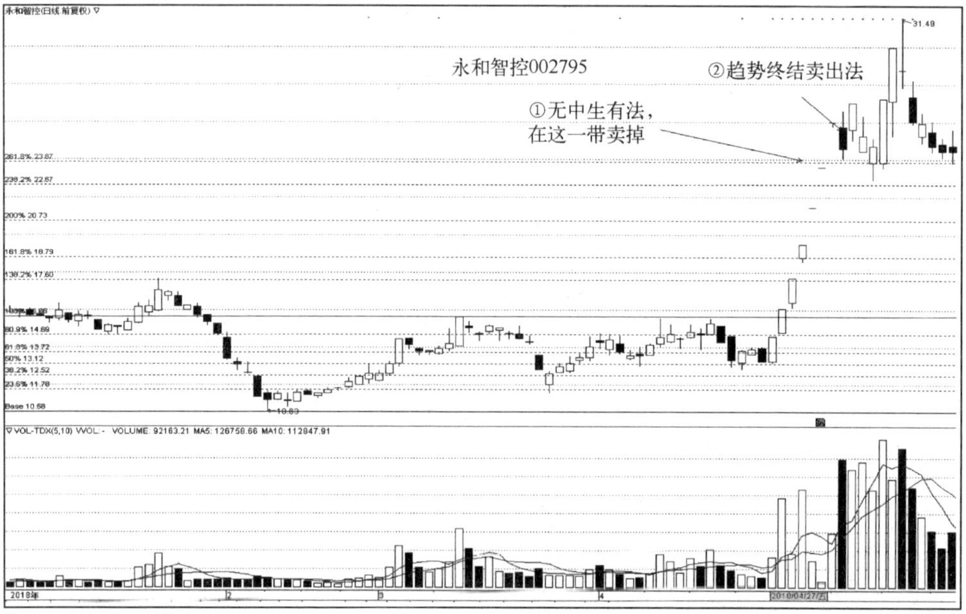

图 1－27

了技术分析的诸多内容，K 线、形态、结构、趋势等，把我认为最正确、最适用、成功率最高的内容简单系统地讲了出来，希望读者在今后的操作中能不停地运用总结，直到融会贯通。

这章是开篇的章节，也是我技术分析买点理论里面四个总纲之一，从始至终我都在讲述一个观点，即买点正确的重要性，去追涨不是说个股涨了很高了漫无目的地去买，而是要把握住起涨的第一信号，买在起涨点！

当大家能做到正确地分析把握每一个买点的时候，那么我们亏损的概率就会极大地降低，相对应的就是赚钱的概率就会提高，如果你还想着一些伪道士和你讲的，会买的是徒弟，会卖的才是师傅，那么你去看看《孙子兵法》吧，里面有讲，“昔之善战者，先为不可胜，以待敌之可胜。不可胜在己，可胜在敌。”如果你不明白，那我告诉你，大意就是先别死喽，不死才会有机会取胜！

第二章

水磨石穿——出人头地买入法

这章需要用到趋势线，现在我用四只个股来系统地讲解趋势线的画法。

先看图2－1，这是天齐锂业002466（交割单见图1－20）2017年底至2018年初的一段走势图，连接2017年11月9日的最高点（第一个垂直往下的箭头处）往2018年1月9日的最高点（第二垂直往下的箭头处）画一条下降趋势线，大家注意看，第三个垂直往下的箭头处的2018年2月1日的最高点也对这条趋势线产生了反应，这说明这条趋势线有效。

图2－1

这里有个现象，就是第三头略微上穿了这条趋势线，我在《中国股市的走势及测算——黄金分割线的运用》一书中将这个现象命名为穿越，与其对应的另外一个现象叫虚弱，这一对现象非常重要，否则我不会在上本书里单独成章去讲述，今后这个分析方法将会贯穿整个课程。现在看2月9日这天的上涨走势，这里是第四个头，它不但是从当时最大的支撑位年线起来然后空翻多了5日和20日均线，而且还去冲击了2月1日的最高点，而我想让读者注意的现象却是，这一天的上涨K线还把跨越59个交易日的下降趋势线给突破了！

再看华夏幸福600340的走势图（交割单见图1－14），图2－2里这条往下的整趋势线和002466差不多，略有差异的是产生穿越的第三个头是复合三重头，这种复合现象不管是头部和底部都是很常见的，大家在操作中要注意提前识别（用空间测算或者看结构），免得出现误判。2018年1月2日股价从20日均线开始空翻多了仅剩的两条均线，到尾市一根带量的捉腰带K线形态确定了买点信号的成立。捉腰带，某人的最爱，次日买！

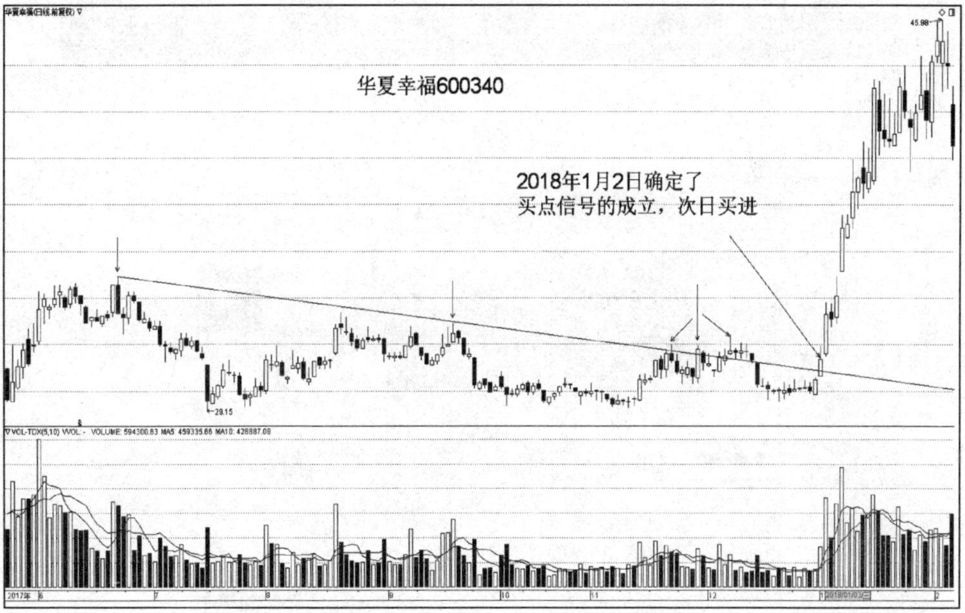

图2－2

不知道大家注意了没有，这条趋势线被突破之前已经运行了132个交易日了，而1月2日突破所产生的各种现象归根结底就是对这条趋势线压力的突破。

接着看顺鑫农业 000860 的走势，交割单如图 2－3－1 和图 2－3－2(看成本价就知道买点了)，图 2－3－3 里的趋势线也是非常标准的，但看起来好像压制的头比较多，实际上第三、第四、第五个头是个复合三重头，三个头合起来才是第三个头，那么 3 月 29 日的突破也是第四个头突破了。这条趋势线的运行周期较长，420 个交易日，如果早早发现了真得有耐心跟踪，如果突破趋势线产生一剑封喉时还不知不觉那就呵呵了！我呢，先知先觉，当天尾市就开仓了，后来几天因为股价一直没有靠近 5 日均线只加了少量的仓位，比较可惜。但 4 月 2 日那天我还有另外一只个股是涨停的，先知先觉。

证券名称	证券数量	可卖数量	成本价	浮动盈亏	∇盈亏比例(%)	最新市值	当前价	证券代码
顺鑫农业	69000	69000	20.093	120523.790	8.70	1506960.000	21.840	000860

图 2－3－1

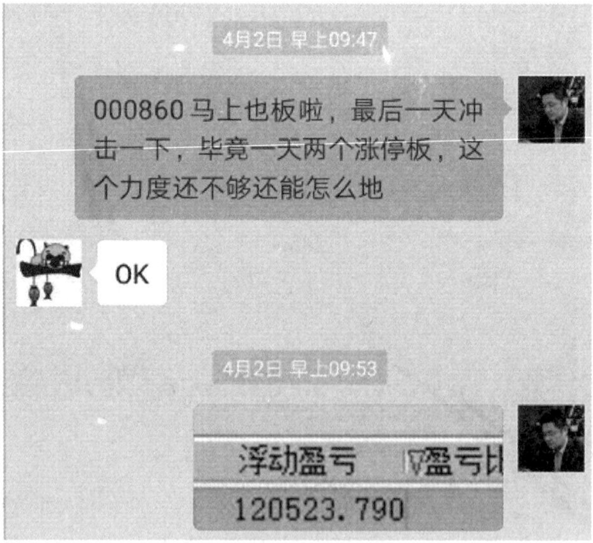

图 2－3－2

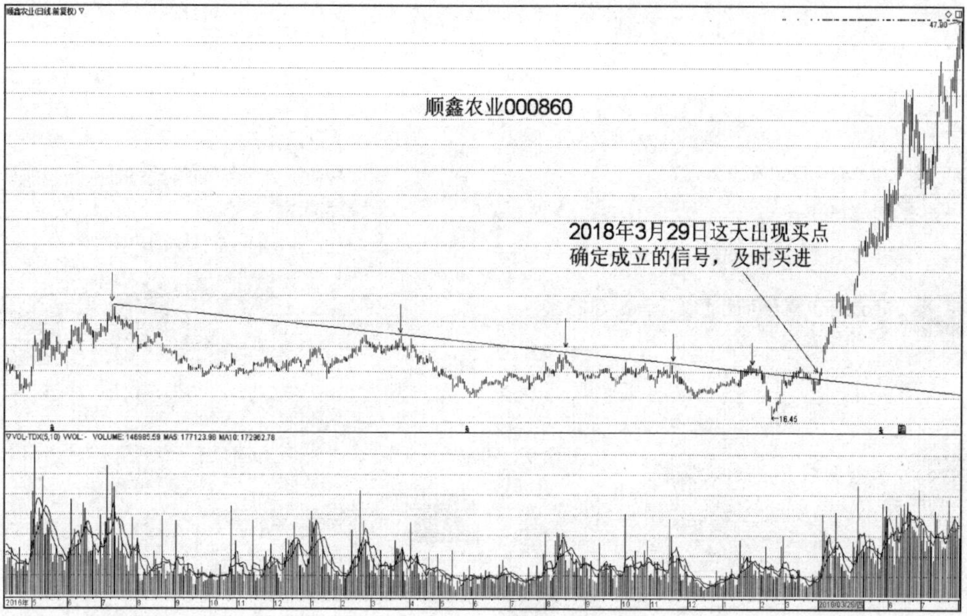

图2-3-3

买进、持有、卖出这个连贯的过程我一直认为作用是逐步微微递减的，最后一个步骤错了不要紧，只要前面两个对了也能赚钱，要是第一个就不对说还能赚钱，我也信，信个大头鬼！

当时这个华鑫农业让很多读者学员赚得很嗨，甚至有人的翻番了，一时间，群情激奋！当然，提前卖掉的人也充分表达了自己激愤的感情。看看第一次涨停板时读者们的表现吧，见图2-3-4。

古人诚不欺我们呀，祸兮福之所倚，福兮祸之所伏，塞翁失马焉知非福，真心的满分！于4月16日之前早早卖掉顺鑫农业000860的人，在4月17日华锋股份002806出现确定的买点信号时果断满仓，继续一剑封喉的神话！

华锋股份002806于2018年4月9日开仓买进的，但一直没有等到理想的满仓点，但买入之初一时煎熬不住后面就难看了，见图2－4－1。

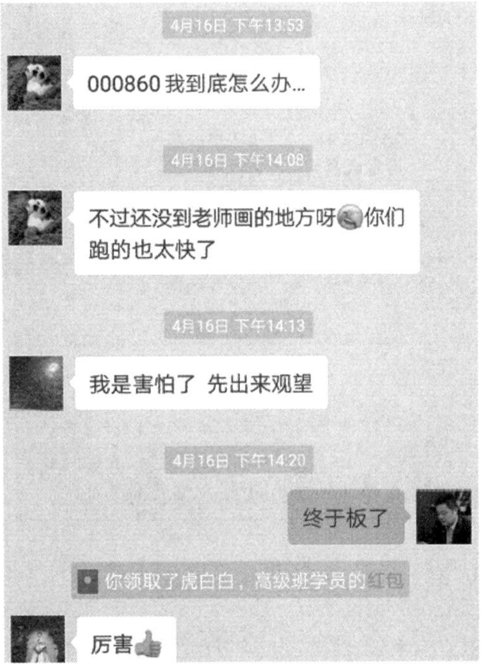

图2－3－4

图2－4－1

买进后，就非常难受地煎熬、煎熬、再煎熬，见图2－4－2。

来，看到底煎熬住了没有，见图2－4－3，到底还是没有煎熬住啊，5月7日集体自发性全部清仓了！

这只个股才是2018年读者们和我学习后收获最大的个股，其次是顺鑫农业！

现在我们来看华锋股份的走势，见图2－4－4。大家是不是有点似曾相识的感觉，那就对啦，和上面三只个股走势差不多，都是三头之后一剑封喉突破了一直压制股价上行的趋势线从而形成上涨趋势。

图2－4－2

图2－4－3

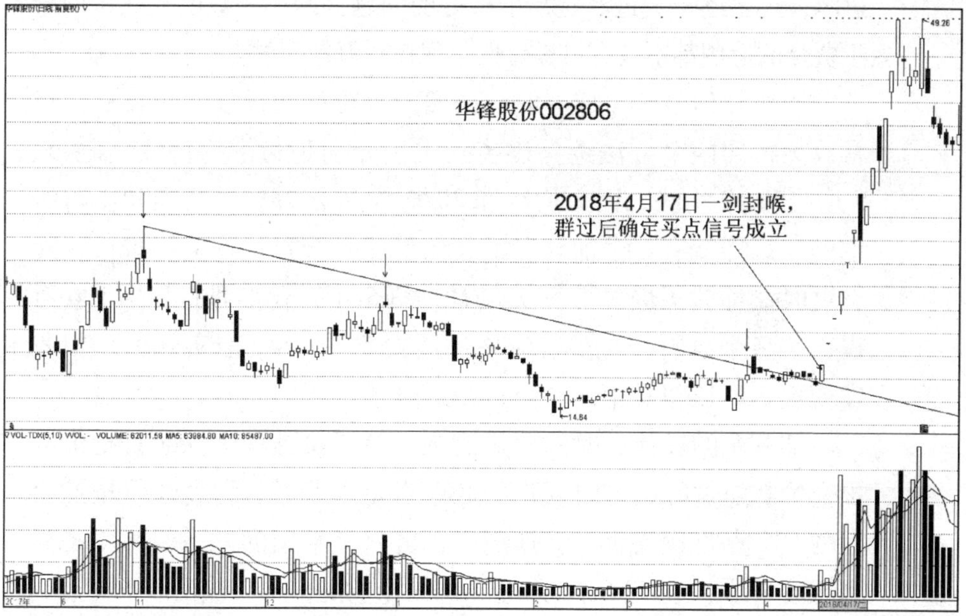

图2－4－4

而我，就把这种一剑封喉突破阶段性压力线后确定上涨趋势展开了的现象命名为水磨石穿，简称群过！

注意，这里说的是阶段性的压力位，而不是单过说的某个肉眼可见的阻力位，更具体了！

现在，大家还会认为会买的只是徒弟吗？还会认为追涨杀跌是错误的吗？

关于这个华锋股份还有个故事，2018 年 4 月 17 日下午我去北京台财经频道天下财经栏目录制两期《投资者说》节目，第一期是《三星曜日找安全买点》，第二期是《技术派高手带来最具爆发力的上涨形态》。在正式录制之前，编辑们会聚在一起帮我研究稿子，以期把节目效果做到最好，让观众易于理解和接受，当时杨捷主编问我，那今天有没有符合出人头地买进定式的个股？边上就有电脑，我说有呀，来看看华锋股份，这个就是，涨停板做的一剑封喉而群过，设好止损，明天早盘就要果断考虑买进。

那么买点信号确定成立了，我们应该怎么买进呢，是一次性买进吗，还是逐步买进？这是个很好的问题！绝大多数的人买进时对于资金的运用都不具有可操作性，现在我就把我的方法告诉大家。

当买点信号确定成立时，按照支撑位的原理设好止损后，通常我会按照四个方法选择逐步买进，分别是盘中均价线、尾市、5 均线和 20 均线，而 5 均线和 20 均线又分为日线级别和小时级别的，这样就有 6 个加仓点了，如果这六个点位都能买进去，那么这时候你就买进去了 50% 的计划资金了，比如我打算用 100 万操作某只个股，这时候就应该买进去 50 万了，但实际操作中我发现很多时候很难把六个点位都买全了。

那剩余的钱什么时间再买进呢？等股价处在上涨时且把最高加仓价都超过时，这时候你的底仓肯定获利了，那就继续按照上面的 6 个点再次买进，去加满仓，这只是常用的方法但却不是最理想的买法，最理想的加满仓方法是个股随即又二次出现了买点确定成立的信号，这时候加满仓获利的概率远远大于亏损的概率，现在我以第一章中的三只个股详细讲解，见图2－5、图2－6、图2－7。

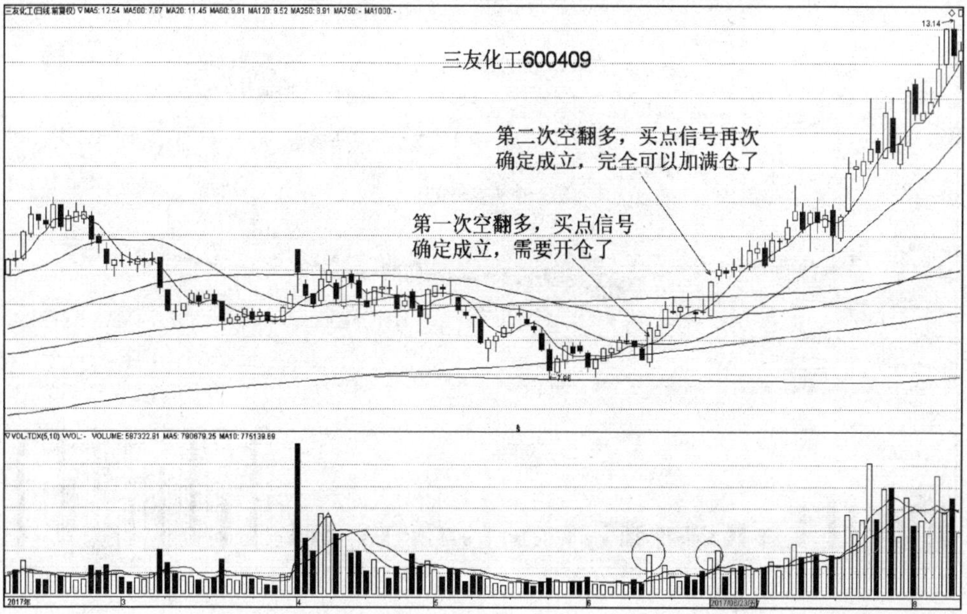

图2－5

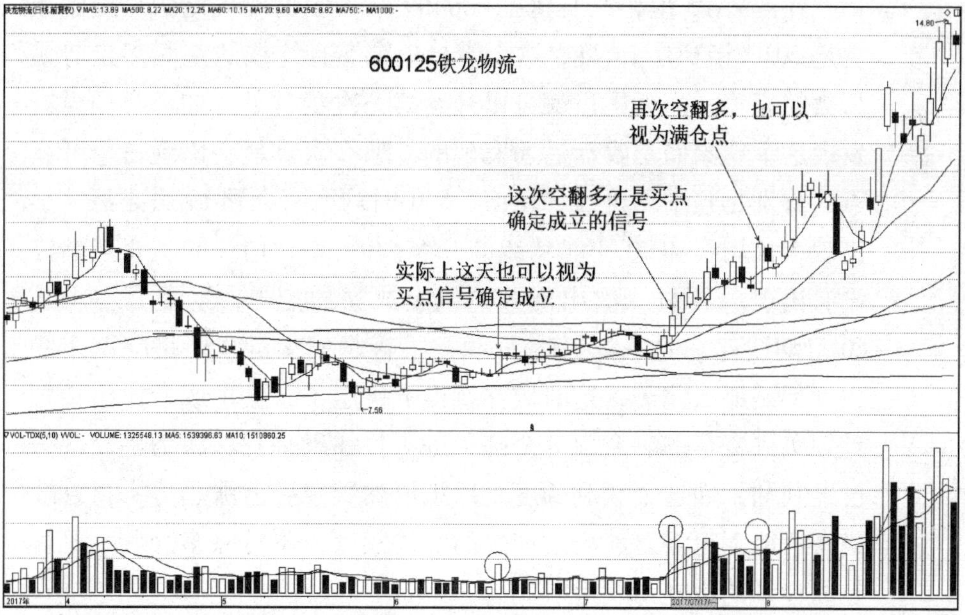

图2－6

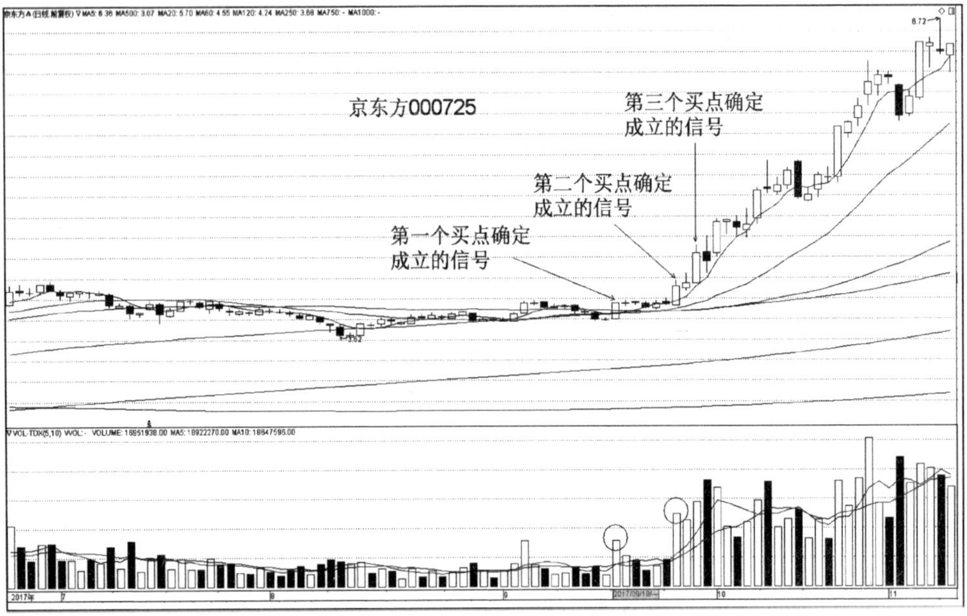

图 2 – 7

在图 2 – 5 里，三友化工 600409 第一次出现买点信号确定成立是 2017 年 6 月 13 日，这个带量上穿 5 日均线的空翻多走势是那么的完美，当天尾市就可以开始第一次买进了，如果盘中没有发现这个现象而是收盘后才发现的，那么次日就会出现三个开仓点，分别是盘中均价线、尾市、5 小时均线，直到 19 日之后才会出现 5 日均线和 20 小时均线的开仓，但 20 日均线的开仓点始终没有出现。23 日二次出现买点确定成立的信号，这更是一根从 60 日均线起来的一剑封喉 K 线，不管是成交量，还是空翻多的力度都是那么完美，这时候你就得下决定了，盘中或者尾市前把计划买进资金的剩余部分全部买进了！如果是我，因为底仓部分已经获利，而这个获利额度足以抵消加满仓后上涨趋势不再延续或者可能下行需要离场时产生的亏损额度，不排除多加些，不再是原计划的满仓 100 万了。

问个问题，假设它今后出现第三次确定成立的买点信号，应该继续加仓吗？那第四次呢？

图 2－6 是铁龙物流 600125 的走势图。在第一个箭头所指的 2017 年 6 月 19 日这根 K 线好像也符合一剑封喉形态，但事实上这里不是很好的开仓点，至于原因，等到下一章的三星曜日形态阐述。7 月 17 日的这个一剑封喉才是最好的开仓点，直到 31 日加满仓时，也像上一个例子里的一样没有出现 20 日均线处的加仓点，这一点，不具有代表性，切记！但是，这种现象在以后我会讲为什么的，那时候你们就会恍然大悟的。

图 2－7 是京东方 000725 走势图。在这幅图里，共出现三个明确成立的买点信号，如果第一个信号出现时你就发现了并开仓，那么第二个信号时就完全可以把计划的资金全部用完了，而第三个信号出现时你完全可以增加计划的资金量再买点，这下大家对于图 2－5 里最后的问题有答案了吧。当然，即使你在第二个点才发现这只个股也不影响正确的操作计划，一如既往地按照这个操作原则，开仓、加仓、加满仓、继续加仓。

不过需要注意的是，开仓、加仓、加满仓，继续加仓这几个阶段所设的止损位肯定是不同的，绝不是某个一成不变的数值，而应该随着趋势的运行来寻找实时最有说服力的支持位来设置止损位。

刚才用三个单过的例子来讲解如何分配买进的资金，在群过的情况下，资金的利用方法也是一样，见图 2－8。2018 年 1 月 2 日这根出现在第四头位置的捉腰带带来的看涨意图非常强烈，首先成交量基本达到之前 16 个交易日均量的 2 倍以上，其次 K 线形态上，是紧靠 5 日均线和 20 日均线的一剑封喉，最后，趋势上冲击趋势线的意图很明显。所以这前后两根 K 线的当日都是很好的买进时机，特别是第二天，涨幅达 8.1% 后让底仓获利很大，保证即使加满仓做错了止损后也不会亏掉本金，那还等什么，尾市直接加满仓。今后谁发现了这种现象，在大盘环境良好的情况下绝对不要手软，一剑封喉后典型的看涨形态！

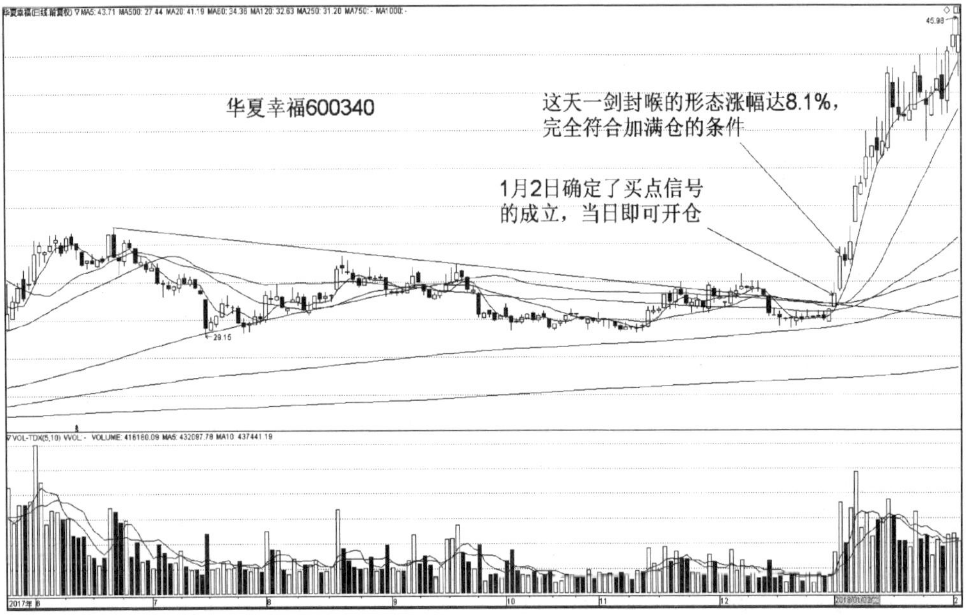

图 2－8

看看前面的交割单，有的个股买进后跨越时间较长，比如图 1－19 和图 1－22 里的股票，也有一两天就完成的，这完全取决于当时的大盘环境、热点板块及个股走势，没有一成不变的走势那就一定会有千变万化的应对方法！

现在我来教大家画趋势线。看过《日本蜡烛图教程》《股市趋势技术分析》《期货市场技术分析》这三本书的读者应该基本知道如何画趋势线，同时也应该明白了趋势线的原理。但经过这么多年使用趋势线，我以为经典教科书里趋势线的画法值得商榷，也就是说要因地制宜，不可刻板照搬，最起码我在很多时候和书上教的不一样，具体的差异我会在后面讲。

画趋势线是学习技术分析理论的一个重要基本功，如果不会画精确的趋势线，就难确定精准的买卖点，这样非常痛苦。画趋势线的时候，把同一个级别结构里的第一个高点和第二个高点相连，这样一条趋势线就出来了，如果股价在第三个头出来了一点不要紧的，甚至可以说是正常现象，这是我之前一本书里定义的穿越，之后股价又下来了，经过一个完整的三个半的形态以后又涨上去了，涨上去后可能还会再次回调这条趋势线，然后再涨，这是假设的理想走势。而最后这个调整结构的成交量表现通常是逐渐萎缩的，这就是前面我说的成交量错落有致，变化有序。所谓的变化有序就是上涨放量，调整缩量，如果调整还阶段性放量，通常不要考虑介入，而2018年上半年初期恰恰有很多个股在高位横盘阶段还堆了那么一大堆量，大家可以看看它们最后的结局如何。

在正常的教课书里讲的是趋势线势是需要修正的，意思是当你第一条趋势线画完以后，如果第三个头不在这条连线上时就需要修正，要把第二个头和第三个头再连接起来画另外一条趋势线，但是原先第一个头和第二个头的连线不能取消，因为第一条和第二条今后都有可能有作用。我个人认为大多数的时候要优先考虑第一条原始趋势线的作用。

很多人不会画趋势线，其实有诀窍的，两头之间只有一底，两底之间只有一头，不可能两个头之间有两个同级别的底的或者更多，也不可能两个底之间有两个同级别的头的或者更多，如果你发现出现了这种现象那就是复合结构，学名叫多重底或多重顶，比如图2－2和图2－3－3，这时候通常顶部就选择最高点，底部就选择最低点(不是绝对的)。

如果第三个头没有触及趋势线就下来了，那就叫虚弱现象。在大盘环境不理想的时候，一旦出现的虚弱现象被确定成立，没有非常强烈看涨的信号前千万不要考虑去提前埋伏，甚至第一反应就是下跌的顺势浪可能已具雏形不可贸然买进，相反却要去考虑在半月形态后做空了。

那么这个趋势线的角度有没有讲究呢？有的！有一次我参加证监会分析师协会的课程培训，丁圣元授课，他说水平趋势线的作用力最大。但我却认为不是这样，虽然我不否认水平趋势线的作用力，但我发现30°~60°角的趋势线是那么的神奇！而判断一个上涨结构到底是下跌趋势里的反弹还是上涨趋势里的驱动浪结构，趋势线的起点和角度至关重要，在寻底的时候，趋势线真要是水平的，那你们就等着担惊受怕吧！

现在，举个几个例子给你们看看，我通常是如何画趋势线的，先看图2-9。这是安通控股600179的走势图，按照很多人的习惯，连接K线实体来画趋势线，发现了没有，这条趋势对后期的走势明显没有约束力。

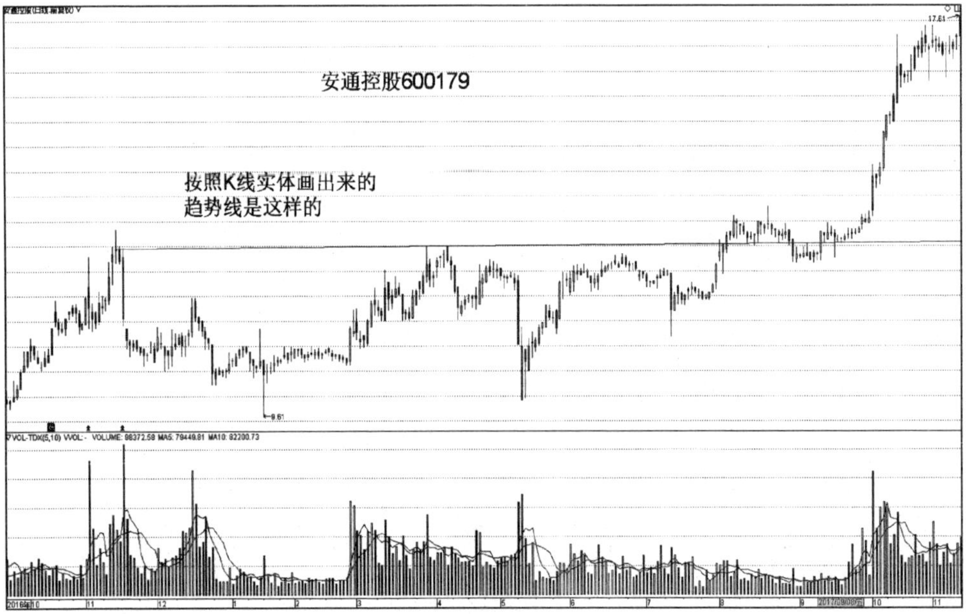

图2-9

现在我换个方法，趋势线的起点不从实体开始画，而是从最高点开始画，看看结果如何，如图2-10所示，是不是完美了？至于为什么要从上影线的最高点画呢，很多教科书不都是教我们要用实体吗？非得从最高点的画不可吗？我的回答是：最好这样！

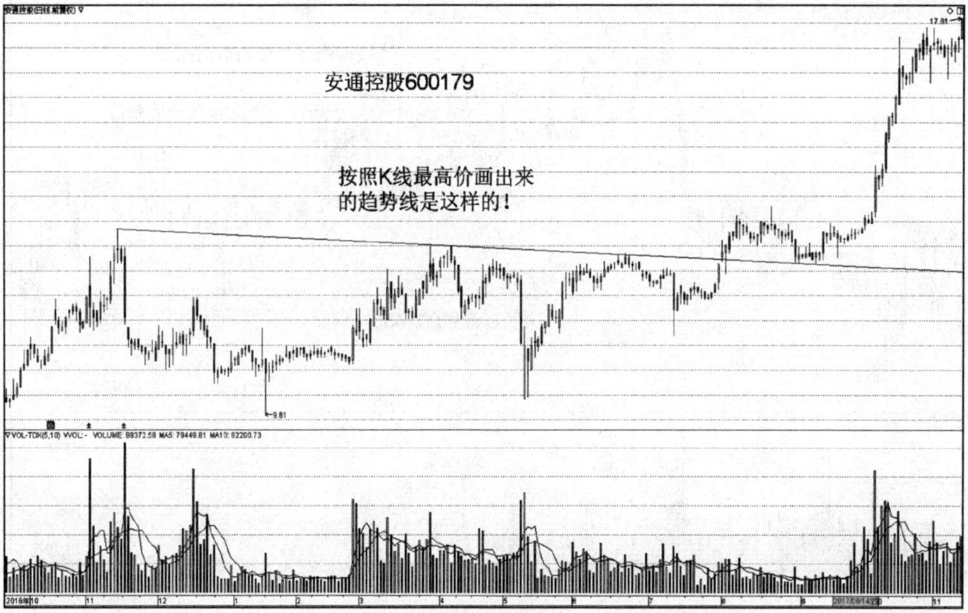

图 2－10

现在我们再看下面两个例子，图 2－11 和图 2－12 分别是长江润发 002435 和航天电器 002025 的走势，图中各有两条趋势线，一条按照实体来连接的，另外一条是连接第一个和第二个最高点画的，但效果明显不好，都不能对后期的走势有明显的预判作用，现在我换个画法你们看看效果。

你们再看图 2－13 和图 2－14 里的趋势线，和之前的两幅图效果还一样吗？明显顺看多了，而且对于后期趋势涨跌的判断帮助很大。而这里我就用了目测法，先把第一个高点过滤不要，然后去连接后期的最高点，看趋势线能否起作用，结果呢，有作用，而且效果还非常明显。这个画法最主要的就是过滤第一个最高点而用后期的明显的高点连接画趋势线，这是一种十分常用的方法，今后再画趋势线优先考虑这种方法。

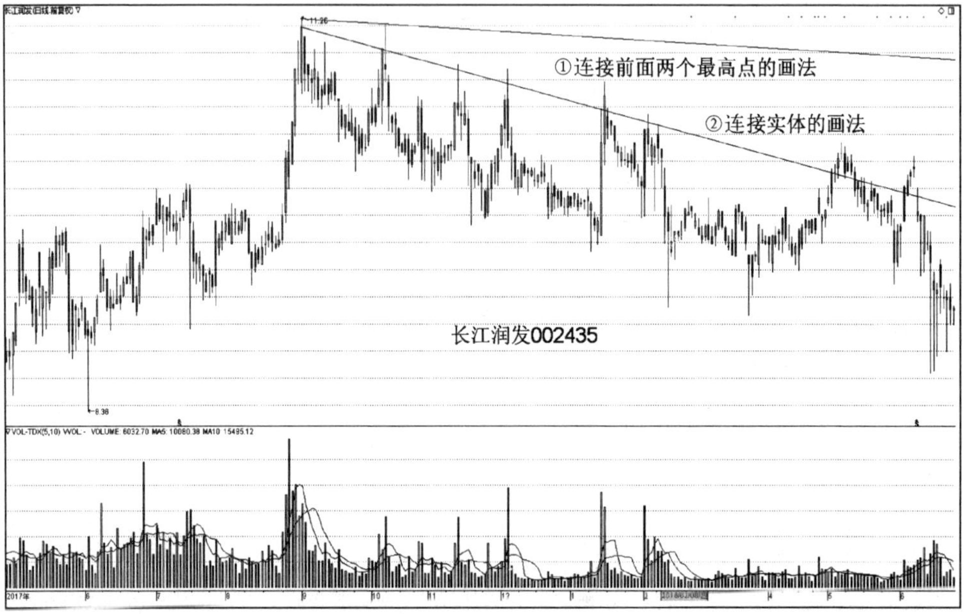
①连接前面两个最高点的画法
②连接实体的画法
长江润发002435

图 2－11

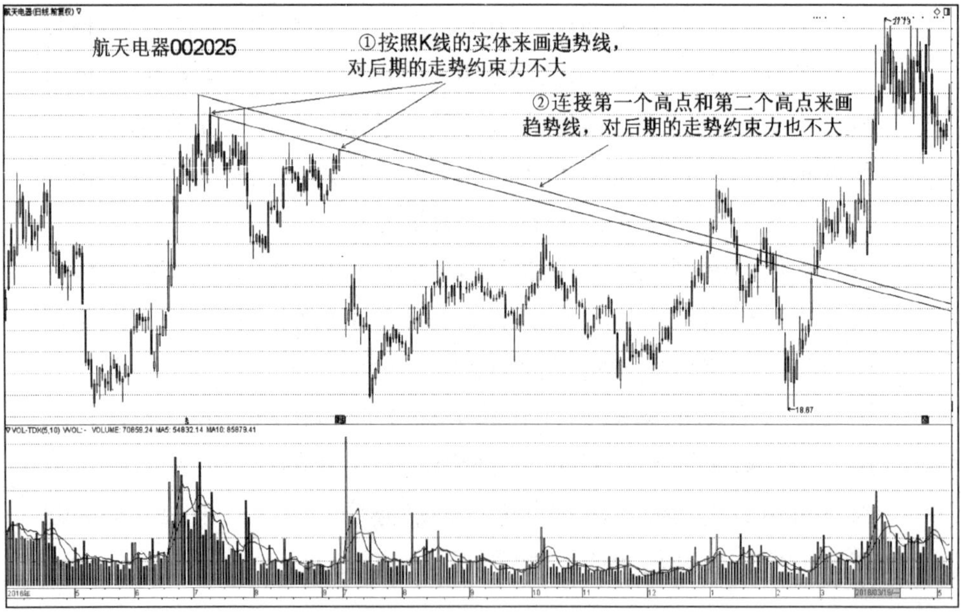
航天电器002025
①按照K线的实体来画趋势线，
对后期的走势约束力不大
②连接第一个高点和第二个高点来画
趋势线，对后期的走势约束力也不大

图 2－12

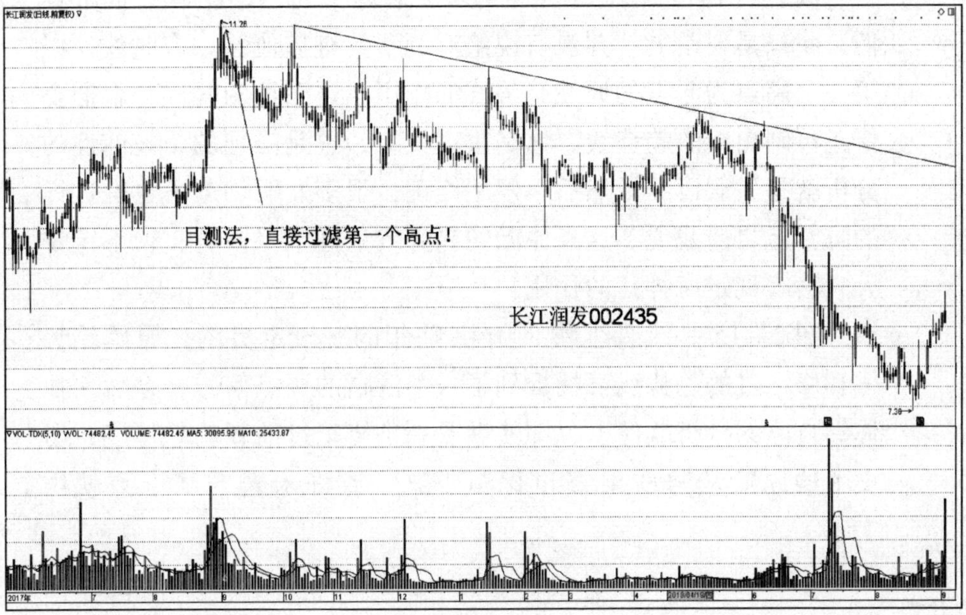

图 2－13

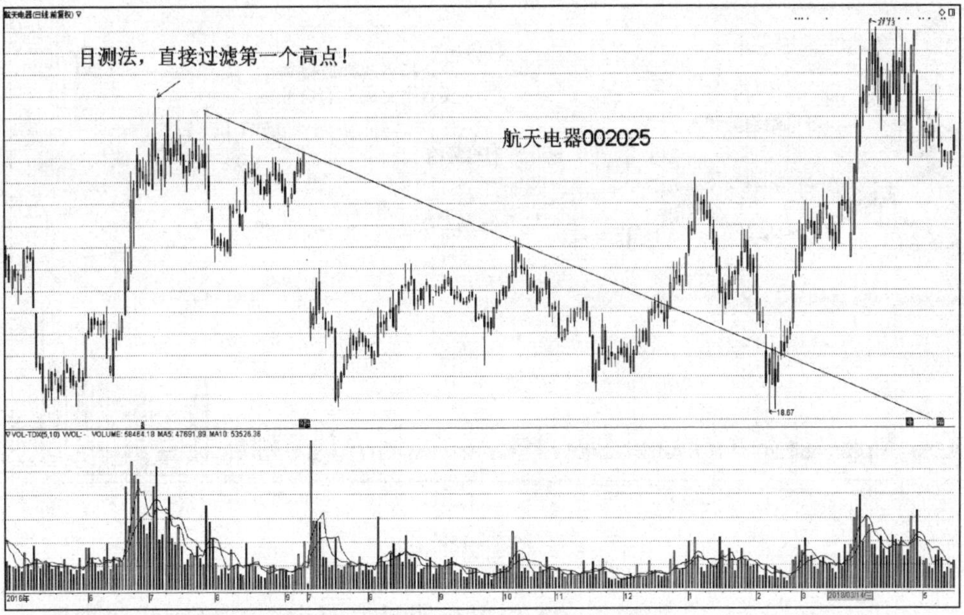

图 2－14

或许你们已经开始窃喜了，又掌握个窍门，嘿嘿，提醒你们，我只是说常见，并没有说绝对，不具有排他性。有时候，以第一个高点为起点的原始趋势线的作用不再明显的时候，就需要修正再画出新的趋势线，这是很正常的，也是必须的，超前性的分析就是先假设结果然后不停地修正，很多发明创造不也是这样的吗？但之前我说了这条原始的趋势线最好也保留着，说不定哪天它会起到定海神针的作用！

图2－15是沃森生物300142往年的一段走势图，原始趋势线和修正过的趋势线都捕捉到了一个清晰的买点信号，今后，在你们自己的分析软件上，即使做了一条修正过的新的趋势线，历史上的原始趋势线最好也保留下来，或许未来的某一天就用上了。

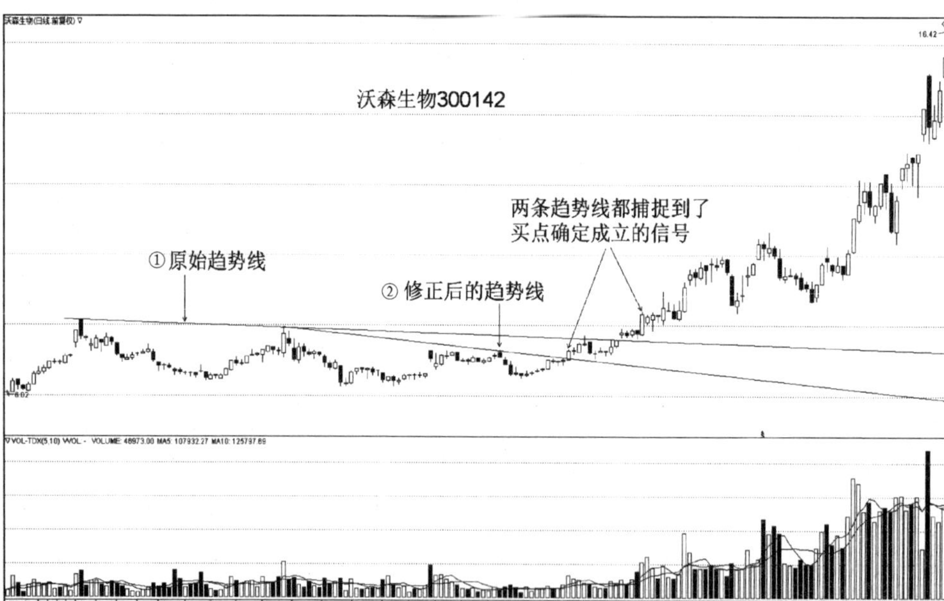

图2－15

在图2－10和图2－15里股价明显都有个群过趋势线回抽的

动作，这是常见的现象，刚才我不还假设了这个情况吗，说这是种理想的走势。如果这个现象是结构较小的话，且当时市场中没有大面积出现这类现象的个股，那就是个例了，按照买入法定式操作就是，如果在同一时间段大面积地出现这类个股就要小心了，多长个心眼，或许大盘就要上涨了！来看看沪市大盘2014年7月22日的群过，见图2－16。

图2－16

这时候很多个股都是群过的，涨3倍的、涨5倍的、涨10倍的个股比比皆是，过江之鲫就是从这里发源的！如图2－17里的浙江众成002522，这是提前启动的，当时大盘蓝筹股大多和大盘同步的，所以，操作股票要看大盘，要看大盘！凡是不看大盘只看个股还能操作好的，不是神仙下凡，就是鬼怪上身！

这样群过后回调的走势是很吸引人的，不单单获利的概率较大，而且止损太好设了，就是趋势线！给大家看两个例子，一个河钢股份000709（图2－18），一个是爱康科技002610（图2－19）。

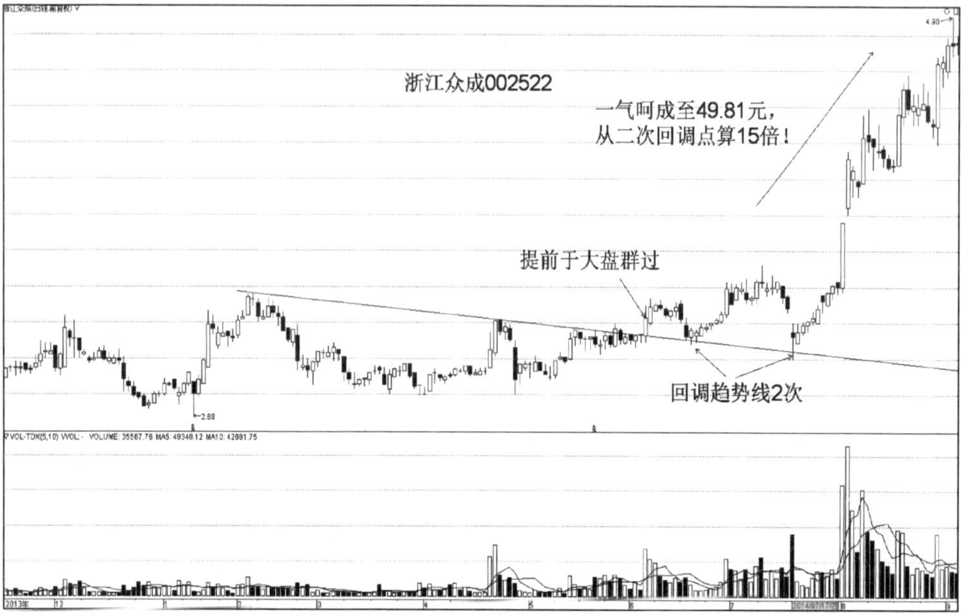

图 2－17

20170727	09:30:54	000709	河钢股份	买入	4.890	300000.00	2843	10
20170725	13:46:09	000709	河钢股份	买入	4.730	200000.00	2485	204
20170725	13:40:01	000709	河钢股份	买入	4.650	80000.00	2479	200
20170725	13:42:35	000709	河钢股份	买入	4.650	70000.00	2480	202
20170725	13:43:44	000709	河钢股份	买入	4.630	70000.00	2484	201
20170724	09:34:56	000709	河钢股份	买入	4.590	150000.00	2222	34
20170720	09:30:02	000709	河钢股份	买入	4.550	50000.00	1880	23
20170719	13:47:37	000709	河钢股份	买入	4.540	100000.00	2288	210
20170720	09:30:01	000709	河钢股份	买入	4.540	50000.00	1879	16
20170720	09:30:04	000709	河钢股份	买入	4.540	10000.00	1881	27
20170720	09:31:41	000709	河钢股份	买入	4.530	50000.00	1882	17
20170720	09:48:31	000709	河钢股份	买入	4.520	50000.00	1883	18
20170719	13:35:43	000709	河钢股份	买入	4.510	50000.00	2284	200
20170719	13:41:15	000709	河钢股份	买入	4.510	80000.00	2286	207
20170720	09:52:05	000709	河钢股份	买入	4.510	50000.00	1884	20
20170720	09:52:32	000709	河钢股份	买入	4.500	50000.00	1885	22
20170720	10:04:03	000709	河钢股份	买入	4.490	50000.00	1886	77
20170721	10:06:53	000709	河钢股份	买入	4.490	10000.00	2232	61
20170721	09:30:00	000709	河钢股份	买入	4.460	100000.00	2231	15

图 2－18

002610	爱康科技	买入	10.500	10000
002610	爱康科技	买入	10.550	10000
002610	爱康科技	买入	10.630	10000
002610	爱康科技	买入	10.770	20000
002610	爱康科技	买入	10.820	10000
002610	爱康科技	买入	10.964	10000
002610	爱康科技	买入	11.000	5000
002610	爱康科技	买入	11.164	5000

图 2－19

如图 2－20 所示，2017 年 7 月 3 日河钢股份群过确定，当时因为某些原因没有及时买进，但等到 19 日股价在回调后强势涨了近 6%之后就得考虑买进了，明确的买点确定成立的信号！所以当天就开仓，前后连续买了七个交易日，为什么会买了那么久呢，还越涨越买？答曰：没有远离 5 日均线，没有看见股价沿着 5 日均线在行走吗！这个内容就是下章三星曜日买进定式的必要条件，算是提前预习了。

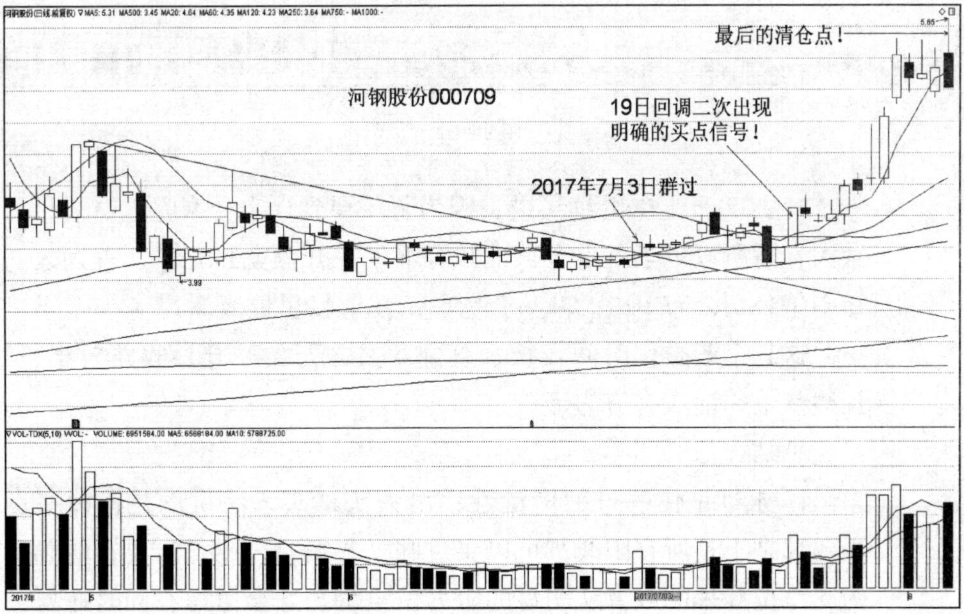

图 2－20

图 2－21 是爱康科技 002610 在 2016 年的一段走势，4 月 7 日群过后确定了买点信号的成立，20 日回调至趋势线后有止跌的迹象，开仓，次日打红星一颗，继续买进。细心的你发现交割单上的价格和走势图上的不一样，别除权再看。

图 2－21

4 月 22 日上午继续买进，因为下午要到辽宁台家庭理财节目做大直播所以早早就走了，谁知等下午一开盘就封死了，查询才知中午公司公布 10 送 20。于是乎，在节目里慷慨激昂了一个下午。这只个股操作时间较长，直到 6 月才开始减仓，收益较丰，长线是金，前人有言为证。

总结：

1. 永远记住群过的广泛性！出人头地买入法讲的是阳线买入，那是不是所有阳线都可以买进呢？答案是，不是！要在明确的支撑位起来的或者从明显的阻力位空翻多才会考虑，同时还要求这个阳线要放出阶段性 2 倍以上的成交量，至于上影线长短的问题不用先考虑，当这根阳线确定时，5 日均线要往上翘的或者之前就已经翘了，今后你们就会发现，如果没有翘，那么失败的概率就会放大。最后要分清楚这根阳线产生的目的，它到底是为了突破或冲击哪个阻力位的？目标越大越好。

2. 选股票要看两点：一看 K 线形态结构，二看成交量。K 线要阴阳交替，铿锵有力，上涨就是纯粹的上涨，下跌就是纯粹的下跌，界限要分明，别都拥挤在一起。成交量要变化有序，错落有致，上涨的时候就要适当放量，表示很多先知先觉的人在逐步买进推动了股价的上行。如果成交量不停地放出，但价格走势却变成横盘了，那就是先知先觉者在高位卖出了，而一些后知后觉的人却在买进，因此造成高位横盘放量，这是一种不乐观的走势，在调整浪里常见。底部阶段会逐步缩量，这个就不强调了，很多人都知道黄金坑，说的就是这个意思。问题：底部可以买进吗？正确的策略是：等有买点确定成立的信号时再决定！

作业：在上涨指数半年的走势里画出有用的 5 条趋势线。要求：级别从大到小。

第三章

三星曜日——不离不弃买入法

什么叫三星曜日呢？这是一个简单的K线形态，就是在一个调整的末端，更准确的说法是在一个支撑位出现三根小的K线（不分阴阳），我称其为三星，然后次日出现买点确定的信号，也就是一根中级以上的阳线（一般我把涨幅达3%～7%的阳线称为中阳线），就是说中阳线、大阳线，包括涨停板都是这个三星曜日的“日”。很明显，这里的“三星”和一些书上的说法有明显的不同，大家一定要区别对待。

在这里，我也说一说当初学习完K线知识后我的总结：实际上K线就三种：星K线、实体K线、半星半实体的K线。现在你们看的书里那么多的内容，还有一些五花八门的书，无非都是研究这三种K线的组合而已。所以，先把这三种基础的K线理解了，什么位置出现代表什么意思一定要知道，然后再去学习K线组合。循序渐进，方得始终！

那么什么叫不离不弃呢？这是一种很抽象的比喻，是指股价沿着某条均线行走，还没有产生较大的乖离率。看过约翰·布林格的《布林线》一书的人还记得里面的一句话吗，说是股价沿布林轨行走，这里我要表达的也是这个意思，唯参照物不同而已。

那么大家现在是不是理解什么叫三星曜日了？就是三颗小星星之后出现买点信号确定成立的阳线。对于这个定式，我得说明一下，这个三星是个泛指，不一定就得是三个，几个都行，这一点一定记好！而这个阳线，不论有没有上下影线都不是重点，只要是满足条件的阳线就行。只是，我最喜欢的形态是满足条件的捉腰带K线而不是涨停板！这种买进定式更大的意义是演示了趋势的发展变化过程，即从无到有，从小到大，从慢到快的过程，后期，你们可能才会深刻领悟到。

个人以为，捉腰带里的上影线最好是实体的1/3左右，光脚的，最好不要有下影线，当然有一点或许也能接受，主要还得看结构的合理性。

不会有人不知道什么叫捉腰带形态吧，一定记好这个捉腰带的K线形态。通常，这个“日”是捉腰带形态，次日收新高的概率较大，所以我喜欢。为什么阳线是捉腰带形态次日收新高的概率就较大呢，因为当日已经调整了呀，不然哪里来的上影线？所以很多时候我会叫这种定式为“三星捉腰带”，而不去考虑这个阳线是不是捉腰带或者涨停板。

现在看几个例子，随后再讲述一些要点。先看图3-1，建新股份300107。这两个地方都是三星曜日的形态，只是第一个更标准些，标准理由有两点：①三颗红星逐次抬高；②三颗都是红星。当然，这两点不是三星捉腰带形态确定成立的必须条件。你在第一个三星曜日形态时开仓买进，直到第二个三星曜日形态之前做三星的时候才会满足5日均线加仓的条件，这个时候基本上开仓就完成得差不多了，那么1月12日的这个涨停板的“日”，就是拼命抢进加满仓的时候，当天要是犹豫，理论上你少赚了50%。现在你们明白了吧，为什么很多股票一旦上涨就会有那么多人去追涨，那是因为买点信号再次确定成立了，他们早就在等

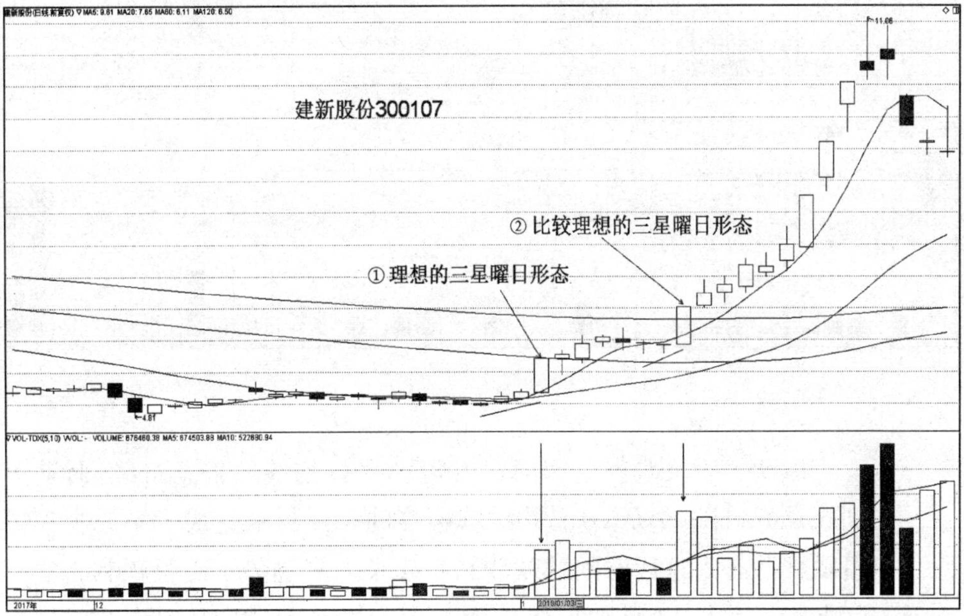

图3-1

着这个时刻呢，都需要加满仓呀，不去追涨怎么加满仓？注意是追涨不是杀涨，要是这天你真的杀涨了，那你就是老师！

现在我们来看第二个例子，见图 3－2，晓程科技 300139。2018 年 5 月 24 日，在连续 5 颗小星星后出现涨停板的“日”线，完成了三星捉腰带的形态，这个涨停板当时瞬间涨停，不一定来得及参与，那么次日就是开仓的好机会，除了 20 日均线开仓的条件不满足外，其余 5 个点位都满足了，而这个机会是 5 月 30 日早间给你的（这里也可以看成一个三星曜日的形态），等早间开满仓后，10 点半前应该就加满仓了，之后，静等涨停板的出现吧。

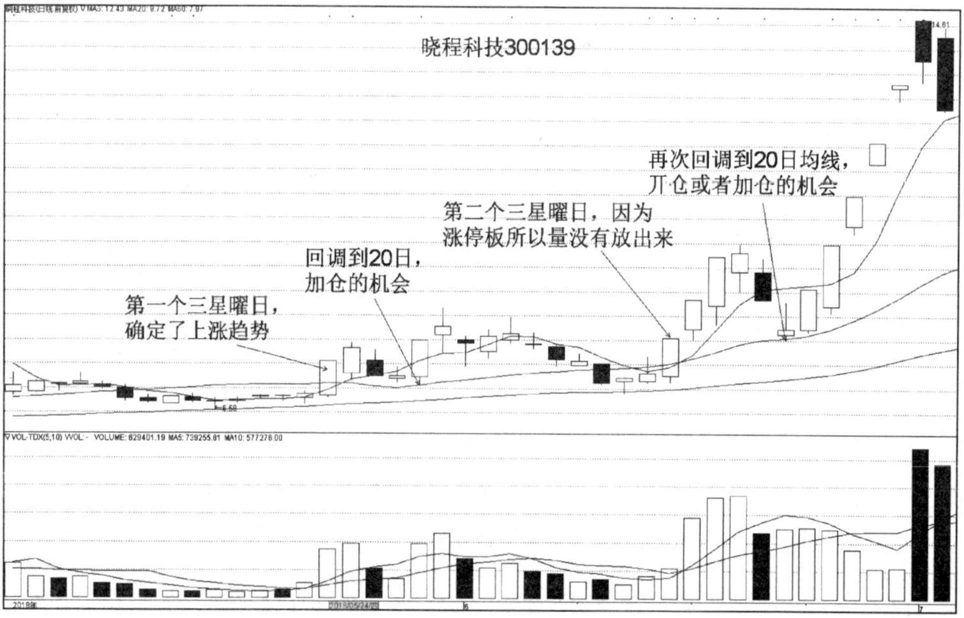

图 3－2

后期，它又跌破了 20 日均线至 60 日均线才停止继续回调，到 6 月 14 日一个从 20 日均线空翻多的一剑封喉完成了第二个三星曜日形态。这段时间跌跌涨涨看起来上涨趋势不是很顺利，实际上，从 5 月 17 日到 6 月 12 日这又是两个定式，随着内容的展开，阐述的定式越来越多，你们就会发现，很多买点信号确定成立的地方，往往符合多种买进定式。越多的确定信号意味着这个买点成立的可能性越强烈呢还是减弱？不难回答吧。

那么，在第二个三星曜日形态出现的时候，不管前期的仓位没有动还是已经获利了结，这一天都需要考虑再次买进了。6 月 14 日上午没有涨停之前股价一直在晃悠的，完全有机会买进。什么叫“与庄共舞”，这就叫！

这个点位的买进我以为应该按照加满仓的方法来处理，也就是说当日应该是可以一次性介入的，因为前期围绕 20 日均线已经出现过 2 次买点成立的信号了，至于 6 月 22 日调整到 20 日均线后连续六个涨停板，我想，那又是另外一个操作过程了，那里，也叫二郎担山！

这个股票，在最后的疯狂之前，共出现了 4 次明显的介入点信号。

现在我们再来看看前面提到的三只个股，看看对于买点把握得如何。第一个是九州药业 603456（交割单见图 1－18），如图 3－3 所示。

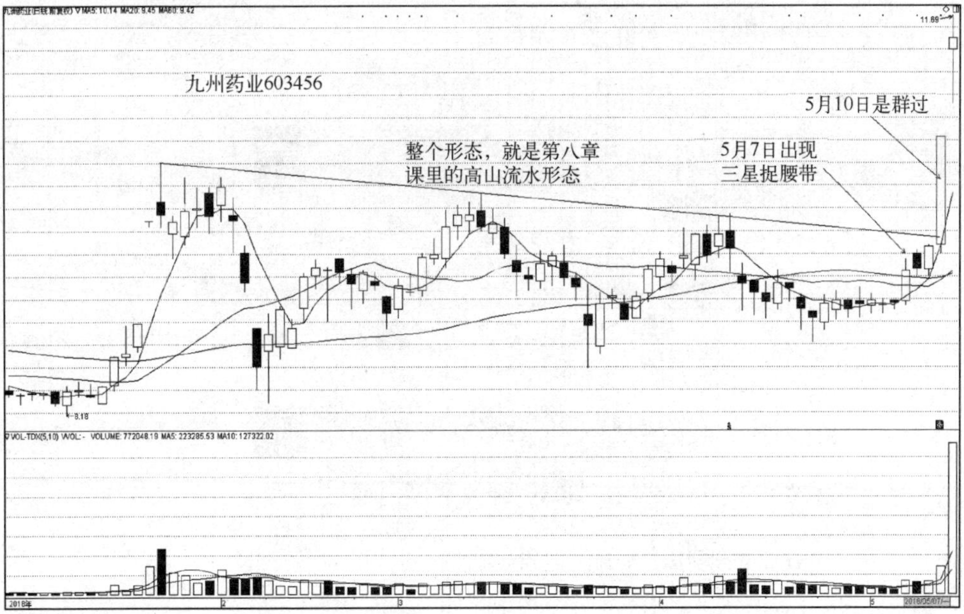

图 3－3

这是个多定式形态，较大的结构是三头半形态，而三头半形态是个综合体，往往会包含着诸多定式在里面，比如甩尾、二郎担山、高跟鞋等，因此一旦发现这样的形态就必须主动跟踪，等候一剑封喉的出现！

5 月 7 日这天出现的买点信号却是三星曜日，在连续运行了 7 个缩量的星星后一剑封喉，通常 K 线组合不超过七根的，所以这里的七个小星星我称之为七星极限，但大家今后在实际操作中会发现，也会出现十颗以上的小星星，这个时候就有必要忍受煎熬了，耐心等待这个不离不弃的一剑封喉的出现。比如大西洋、华夏幸福、绿茵生态、深天地 A 等历史上都出现过 7 颗及以上星星后才果断上涨的，读者可以打开相应的 K 线图自己看，这里不再讲述了。

5 月 10 日又出现从 5 日均线起立的群过，造成乖离率放大，次日的高开更是把乖离率顶到了极限。

现在来看第二只个股金地集团 600383，遗憾的是当时忘记要交割单了，但图 3－4 所示的笔者带领的微信群里的交流也说明了读者们的操作很成功。

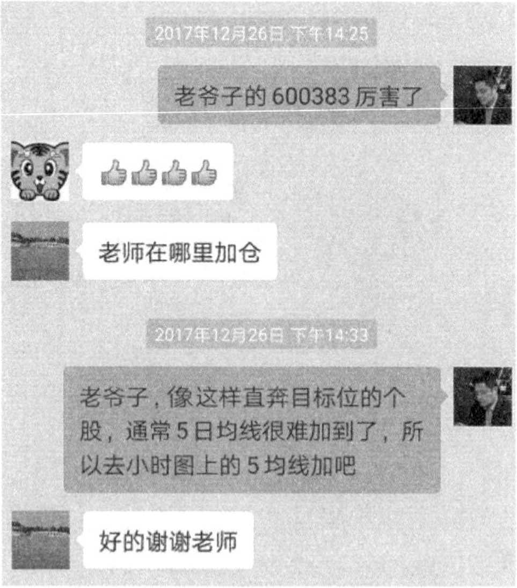

图 3－4

又是一个高山流水定式的综合体，这种定式是种非常好的定式，会让你早早地开始跟踪，一旦出现和买进定式相吻合的走势时可以很轻松地做出决定，如图 3－5所示。

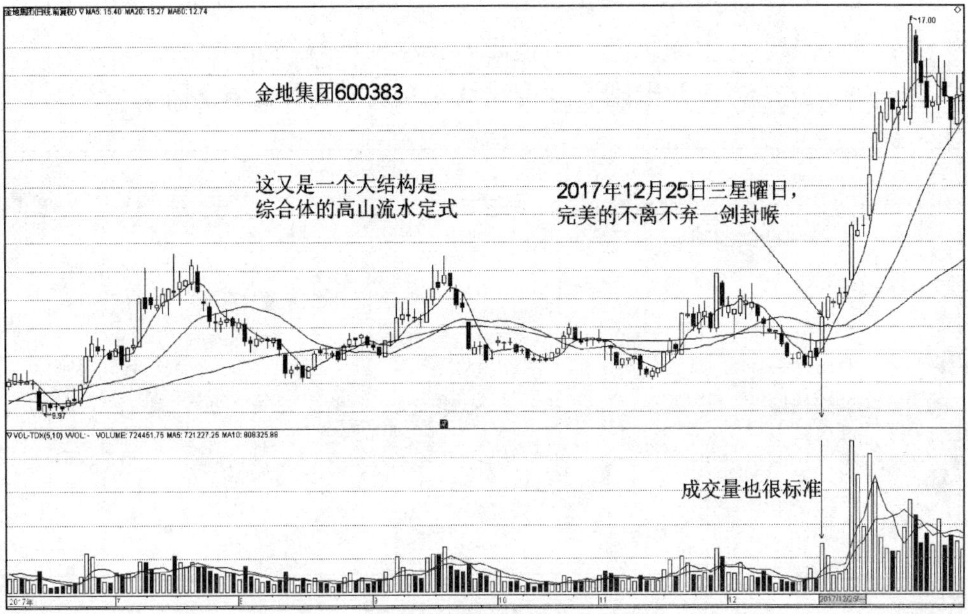

图 3－5

25 日出现买点确定成立的信号时买进，但 26 日日线级别上的加仓点没有出现，当时我判断上涨趋势会延续下去，暂时不会给 5 日均线和 20 日均线加仓机会，所以当有读者问我的时候我建议他去小时图上寻找加仓点，后期的走势也证明了我的分析是对的，直到 29 日才给 5 日均线加仓的机会。他们是幸运的，次日不离不弃的一剑封喉以涨停板的姿态让底仓全部获利，可以安心静气地加满仓了，手脚利索的人，估计早盘就开始与庄共舞了！

分析金地集团 600383 的这波上涨，与研究其他个股的结构是一样的，不能单单地光看技术形态，还要去从当时的大盘环境和热点板块来看，大盘环境不用说了，肯定是可操作环境，否则当时不会产生房地产板块为热点的机会，当时有些读者就相当成功地操作了华夏幸福 600340 了。

第三个例子就是罗牛山 000735 了，现在看它的走势，如图 3－6 所示。在这个图里，第一个三星曜日形态很标准，围绕 5 日均线做了三个缩量的三星，之后在年前的最后一个交易日一剑封喉，这个一剑封喉把 5 日均线从三星时的走平给拉翘了。

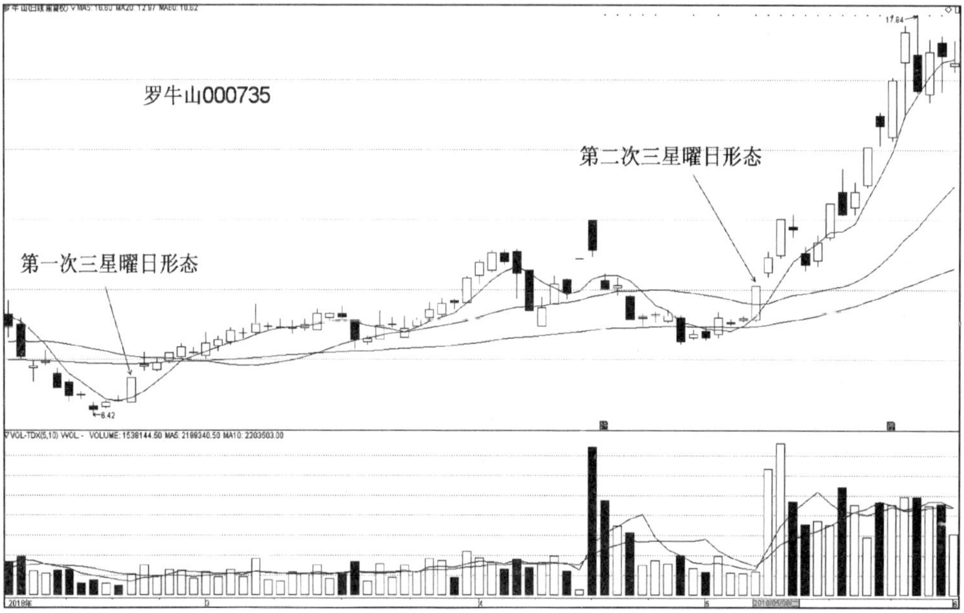

图 3－6

5 月 8 日的第二次三星曜日买进定式也很标准，只是看起来这里好像只有两颗小星星，因为 5 月 3 日也像是个三星曜日的形态，大家注意，5 月 3 日这里是个陷阱，它不是三星曜日形态，因为这一天虽然涨幅几近 7%，但尾市时 5 日均线明显还没有上翘，5 日均线不翘就不是三星曜日的买进定式，所以遇到这样没有上翘的情形一定要冷静，不要冒进，很多时候 5 日均线在这么大的涨幅下还不上翘，股价往往会立即调整！只是当时它既在海南板块又在农业板块，成为市场追捧的热点才死里逃生，再次绚烂！

你们看看什么时候5 日均线才往上翘的？对，是5月3 日之后的第二颗略带有乖离率的一颗小红星拉翘了5 日均线。这个现象记好了，后面有讲！

从上面的五个例子中，读者应该能看出这些个股都有以下的共同特点：①围绕5 日均线做星星（星星不分阴阳），这个阶段通常都是缩量的；②捉腰带出现这天，捉腰带必须接触到5 日均线，这也是不离不弃叫法的依据；③捉腰带出现这天，尾市的时候5 日均线必须完成上翘；④捉腰带这天必须放量。后面三点是三星曜日形态成立的三个必要条件，缺一不可，在实际操作，如果你发现缺少了其中一个条件，那么这个买进定式失败的概率就会变大。

而我，就把具有以上特征的一剑封喉形态命名为三星曜日！

以前有读者问我，2.8%的涨幅算不算中阳线？我说不算！但是，如果其他的条件都很完美的时候，这个2.8%的阳线我完全可以看成是三星曜日的“日”K线。具体的情况下，可以验证或者修正嘛。

对于上面三个必须的条件有人往往会问，哪个更重要？老股民反而不会问的，告诉你们，不离不弃最重要！当然，其余两条必须的条件也是相辅相成，缺一不可。

这个定式之所以能成为总纲，是因为它揭示了趋势涨跌的演变过程，等看完全书，读者就明白我将它放在总纲地位的意义，并彻底喜欢上这种定式。

同时，这还是一种可以埋伏的定式，也就是说，在没有出现捉腰带的时候就可以提前买进了，那么，在具备什么样的条件才可以去埋伏呢？仓位上又有什么讲究呢？现在我用几个例子给讲解。

第一个是三钢闽光002110 三次群过的例子，如图3－7－1所示，这三次群过不管是理解成群过还是三星曜日，或者后面讲的三头半都具有非常大的意义，尤其是指导操作方面，大家注意体会！这是一个十倍涨幅走势中的三个结构，读者可以回到2005

年或者 2014 年这两个阶段性牛市的过程中去寻找，比比皆是，然后自行研究，加深对此类走势的印象。

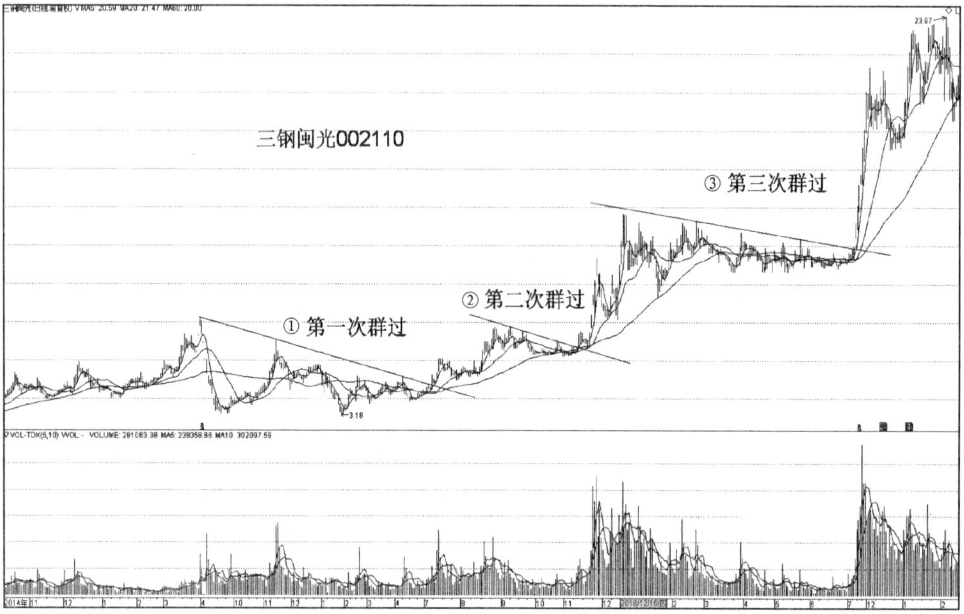

图 3 –7 –1

先看第一个群过，如图 3 –7 –2 所示。这个群过是在突破了一条运行了 134 个交易日的趋势线后于 2016 年 7 月 7 日产生的，很标准的一剑封喉，大家注意看，在这个一剑封喉的之前，沿着 5 日均线是不是有好多小星星，数一数，一共 12 颗，且期间整体的成交量是相对萎缩的，其中 6 月 27 日也出现了成交量不是很标准的一个一剑封喉(成交量的问题)，正是从这一天起，5 日均线开始往上翘了 。

再来看第二个群过，如图 3 –7 –3 所示。这是三个群过里最小的结构，却是最标准的，过顶后有明显的缩量回抽确认动作，其后的上涨空间几乎是翻番了。大家注意看，在群过前的四个交易日也出现过一个标准的一剑封喉，正是这个一剑封喉造成了 5 日均线往上翘。

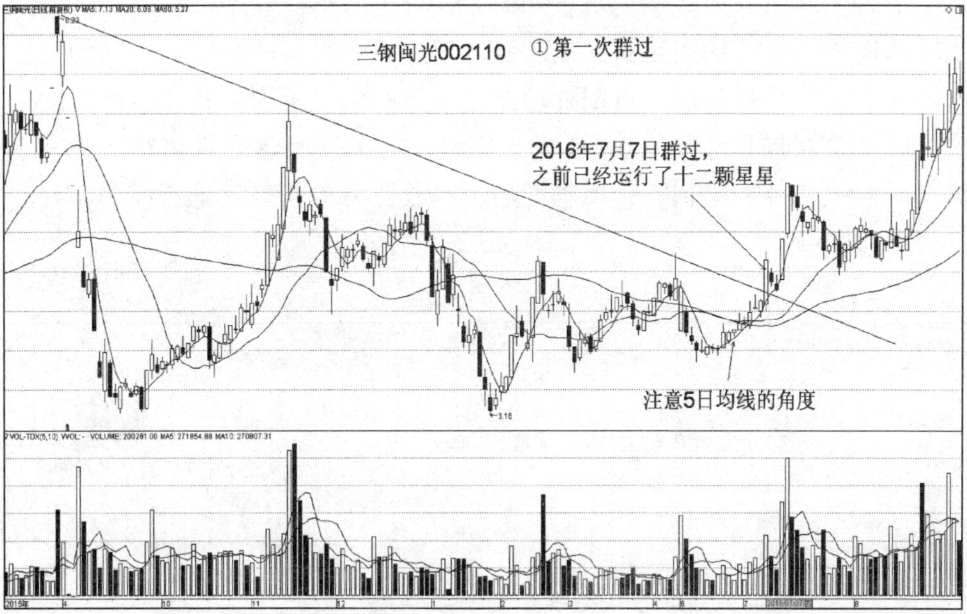
三钢闽光002110 ①第一次群过
2016年7月7日群过，
之前已经运行了十二颗星星
注意5日均线的角度

图 3-7-2

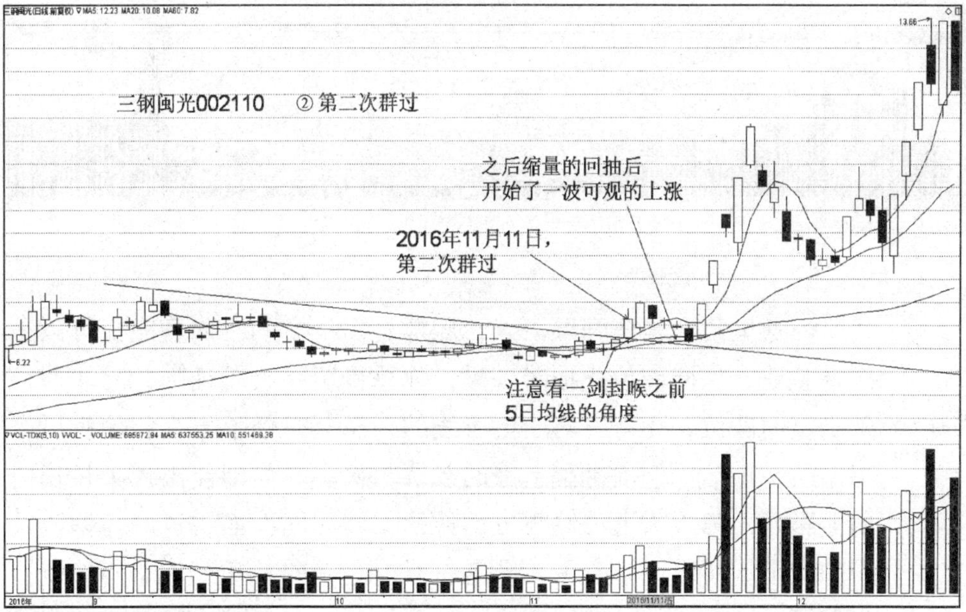
三钢闽光002110 ②第二次群过
之后缩量的回抽后
开始了一波可观的上涨
2016年11月11日，
第二次群过
注意看一剑封喉之前
5日均线的角度

图 3-7-3

最后看第三次群过，如图 3－7－4 所示。和第一次群过整整时隔一年，历史重演！这次群过和前面两次有两个明显不同的地方：一是群过后没有回抽动作，一气赶到了阻力位；二是群过的一剑封喉是涨幅达 6.6% 的十字星，对于这个带有乖离率的十字星人们一般是抱有谨慎态度的，不敢轻易相信群过是否成功，我也是。

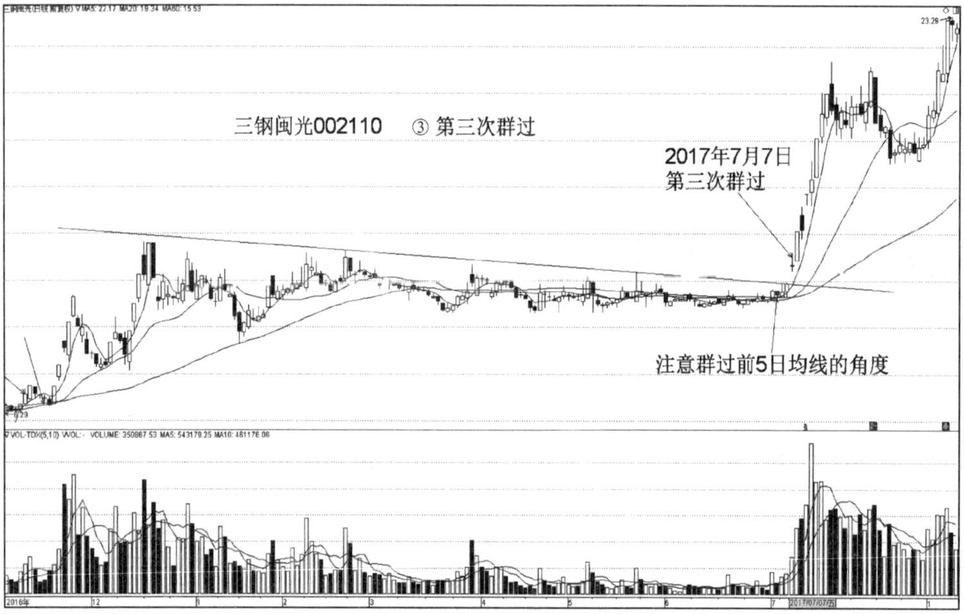

图 3－7－4

但这里我还是要强调一点，涨幅是实打实的，而且完全可以次日验证，如同破位止损时一样，你总得留一天验证吧，除非非常确定的破位。还有，对于上影线的判断有时候不要太相信教科书上的，不信你们去翻翻上涨的股票，很多时候即使出现了长长的上影线，第二天上涨趋势依然持续，就如同上面讲过的河钢股份的例子。所以说学习 K 线得首先放在趋势结构里研究，不然就走偏了。

这次群过还有一点现象和第二次一样，那就是在前面的第四个交易日也出现了一个一剑封喉的形态，也正是这个一剑封喉造成了5日均线的往上翘。

从上面三个群过的例子，能总结出哪些共同点？这些共同点对于我们在实际操作中有什么指导意义？

第一，群过前都有一个一剑封喉的买进定式，正是这个动作造成了5日均线的往上翘，而这前后两个确定信号通常情况正好一个是开仓点一个是满仓点；

第二，群过后涨幅都不小！

指导意义就是：

第一，今后在大盘环境为可操作的环境下，遇到这样的定式一定要第一时间制定自己的操作计划；

第二，大的结构已经具备群过可能的雏形（这个前提是必备的条件），那么之前只要出现一剑封喉的定式且5日均线已经开始上翘就可以考虑设好止损满仓了，不必等到二次的确定信号，这样就妥妥地赚到了群过时带来的利润！

现在，我再举四个例子，务必仔细看，用心体会，在这四个例子里面除了包含以上的内容，还有两处至关重要的知识点，在实战操作中，这两个知识点会指引你们少犯许多错误！

第一个是天华超净300390，如图3-8所示。2018年3月开始的这波上涨是在2017年11月15日，从10.34元调整到5.38元的基础上形成的！在起始阶段疯狂下跌之后开始了三次有序地冲击20日均线的动作。第一冲击连接触都没有接触到20日均线，产生虚弱；第二冲击算接触到了20日均线；而第三次却是过了20日均线，产生穿越。

这是一个非常有规律的过程，我给这个过程命名为三平台见底。

如果能把每一只股票都想象成一个人，认为他们也是有思想的，每次波动总是围绕某些规律运行的话，是不是也会为这只个

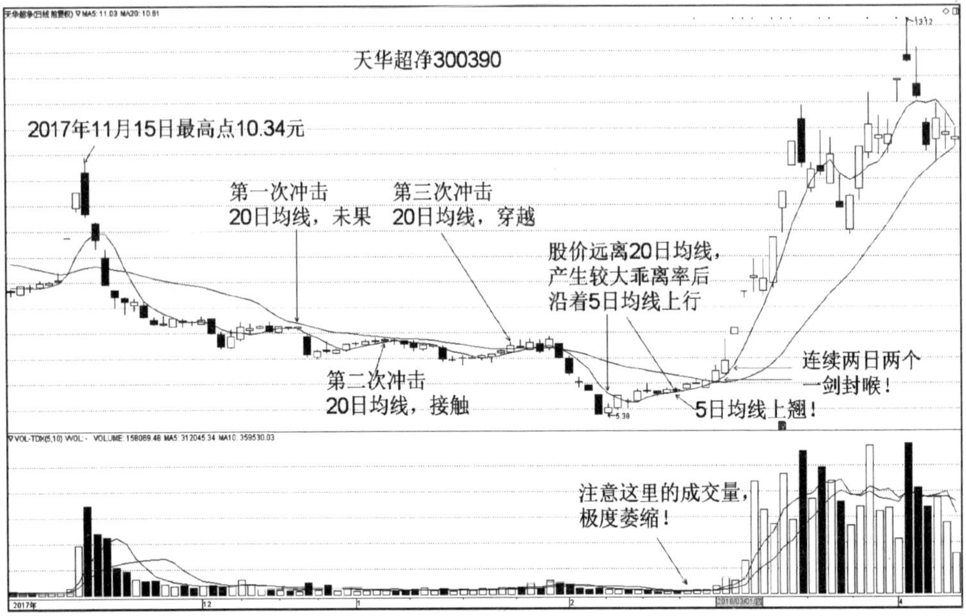

图 3－8

股锲而不舍的精神喊上一声，加油！就怕你们从来都没有这样想过，只会把股票看成是毫无规律的死物！

这三次冲击 20 日均线之后，股价再次下行，当乖离率达到极限的时候开始反转，并沿着 5 日均线缩量上行(这里缩量不是必然)，同时 5 日均线逐步上翘，这时候就可以考虑按照介入点的方法买进了，个人认为，贴近 5 日均线是必须。那么 3 月 1 日 2 日的两个连续捉腰带会让你的获利较大，这时候，你无论考虑是加仓还是减仓是不是都已经立于不败之地了。

所以，三平台之后，如果乖离率放大再收拢，股价沿着上翘的 5 日均线上行的时候也是开仓点。这就是利用三星曜日的买进定式提前埋伏的原理。

至于 300390 后期的那一拨上涨又是另外一个买进定式的理论了。

现在来看第二个例子，东土科技 300353，如图 3－9 所示。此股从一个结构性的最高点下来后，一共四次去冲击 20 日均线，最后一次过后沿着 5 日均线下行才让乖离率放大到极限，两颗黑虎掏星后股价上 5 日均线行走且让 5 日均线上翘，这时候，一旦判断出 5 日均线上翘了，那么贴近 5 日均线寻找介入点就是理所当然的了，至 2 月 27 日的一剑封喉时，何去何从你完全可以从容应对了！类似的还有超频三 300647。

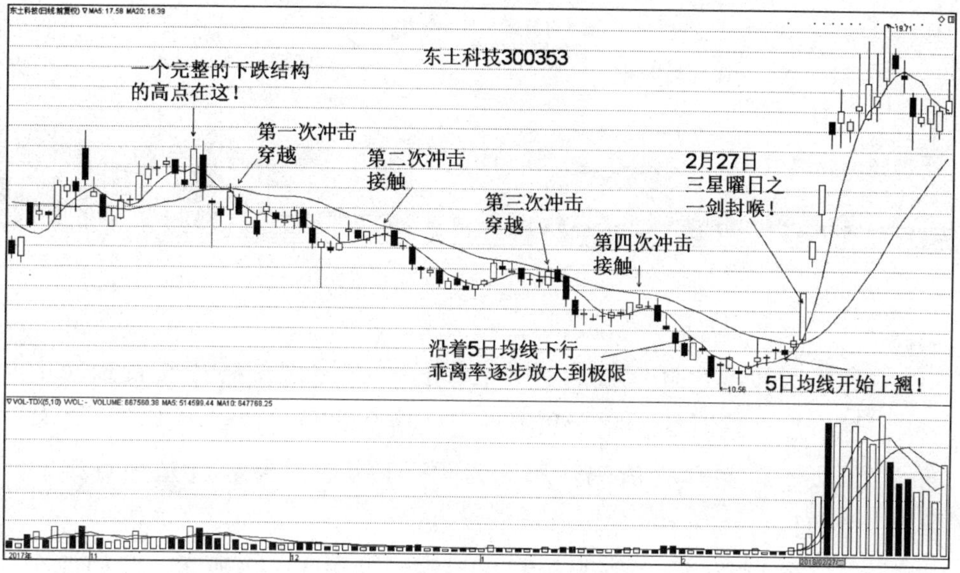

图 3－9

黑虎掏星的说法来自我在 BTV 财经做的一期《投资者说》。详见 https：//item. btime. com/80ko9707e3rtpf2d9465s3dv8ri。

第三个例子是苏交科 300284，如图 3－10 所示。在看过上面两个例子后是不是想当然地认为三平台就是针对 20 日均线的行为？呵呵一下，不是的！几乎所有可以设置出来的均线都可以，只是在三星曜日这个阶段要求得比较苛刻。

在苏交科的这个例子里，三平台是针对 5 日均线而言的，前

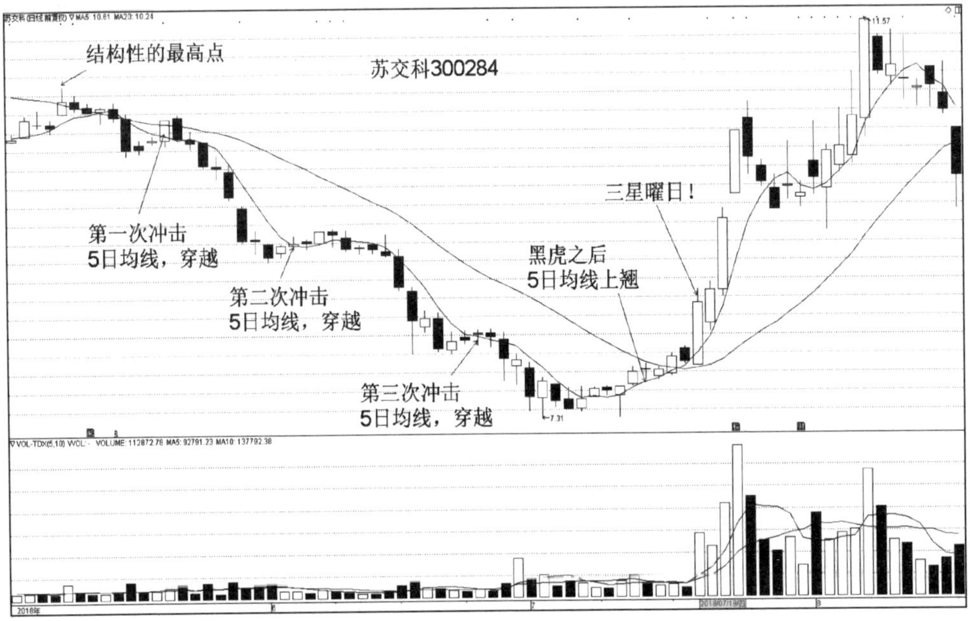

图 3－10

后三次冲击 5 日均线后过 5 日均线，黑虎掏星后让 5 日均线上翘，那么这时候，完全和买进定式吻合的介入点就出现了。买与不买还需要看心情吗？那 7 月 19 日的一剑封喉就是来兑现心情的！

第四个例子是海得控制 002184，如图 3－11 所示。我们现在来看看从最高点的下来的左侧走势，你们能看出这里有几个平台吗？能看出是冲击哪条均线吗？估计看不出来，那好，回到初期的分析方法，直接趋势线来解决！这样等到右侧 5 日均线上翘后就可以考虑设好止损去埋伏了。

有时候右侧的三星上涨不一定是沿着 5 日均线的，还有沿着 20 日均线做三星的，一剑封喉之后股价才回归到 5 日均线，分析原理一样。比如海联讯 300277，如图 3－12 所示。

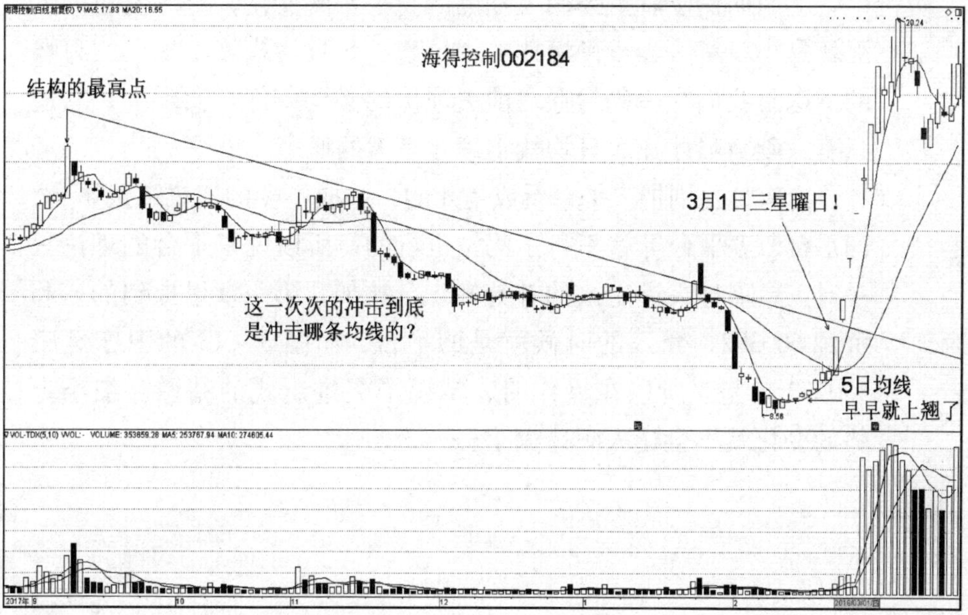
海得控制002184
结构的最高点
3月1日三星曜日！
这一次次的冲击到底
是冲击哪条均线的？
5日均线
早早就上翘了

图 3－11

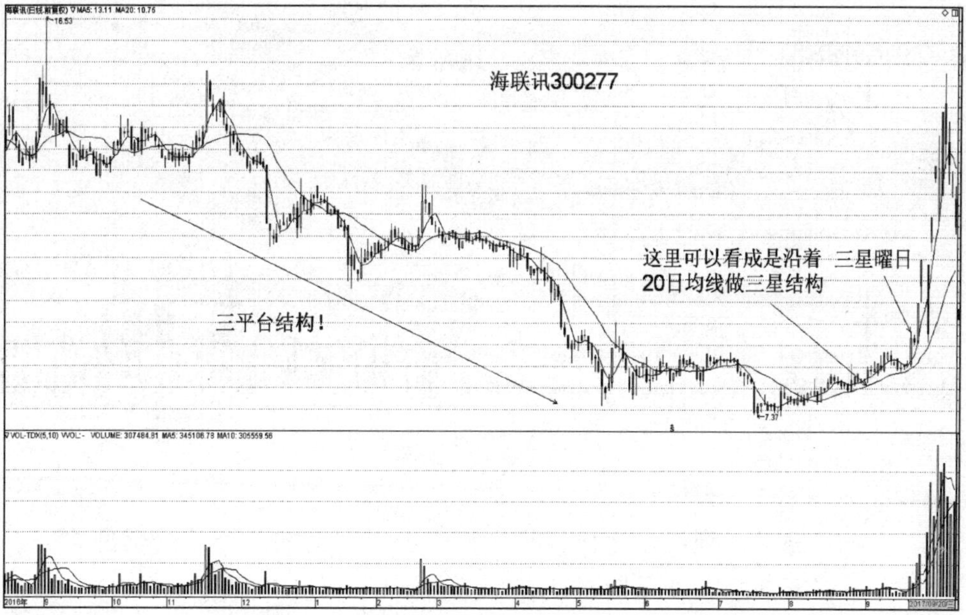
海联讯300277
这里可以看成是沿着
20日均线做三星结构
三星曜日
三平台结构！

图 3－12

上面的例子着重强调了左侧的三平台的变化，对于右边的上涨就是小星星一步步慢慢挪的，拉翘了5日均线才出现一剑封喉的，这是我们在一剑封喉之前去埋伏的必要条件。实际上，右边只有一剑封喉才让5日均线走翘才是大的概率。

还有，也别把三平台看成是死的，一成不变的，难道两平台、四平台、五平台等就不行了吗？也行的，所以说三平台的理论只是对三星曜日买进定式的补充知识。比如，第一章里提到的盛和资源600392，介入的时候就是四平台，而图3－13的卫宁健康300253也是。所以在操作时，掌握了买进定式的精髓，细小走势的变化就不会让人犯迷糊了！

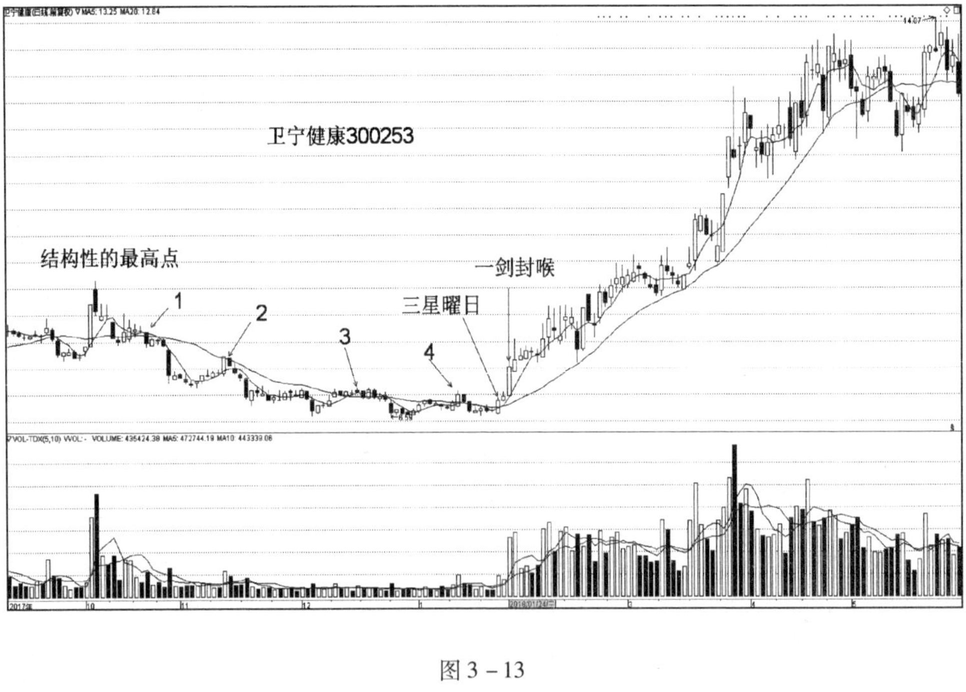

图3－13

好了，到现在为止，我把买进定式理论的三个总纲全部讲完了，剩下的事就是读者反复学习，然后再到实际操作中体会变成自己的知识。

看图 3－14。图中最后的对话让你们想到了什么？去看看图 1－9。对于 2018 年 3 月 21 日开始的下跌和止跌的判断如同对 3587 点跌至 3062 点的判断一样精确！你们不去想一想为什么吗？难道不想也做到这一步吗？用心学吧！

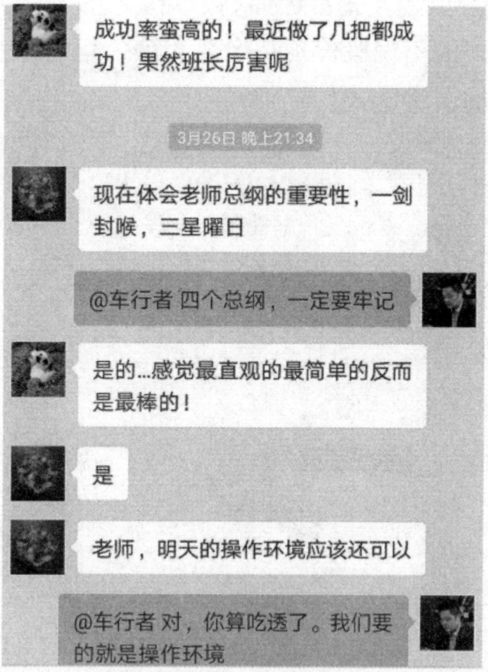

图 3－14

总纲性的知识，既是我们操作时的战略又是战术，有一段炒股经历的人基本上都能理解，所以今后在操作中，首先要想到你买进或者卖出的理论根据是否符合总纲，符合了再去操作，同时也可以把总纲单独当做一个买进定式来使用。看看图 3－15，这是读者们仿照 BTV 财经频道当红不让节目，在群里比赛时和我的对话。

也许有人会私下说，你拿着那么多牛股来讲解，看起来当然标准。对于这句话我非常赞同，要的就是用牛股来讲解，最好还是你们操作过的，为什么？一则印象深刻，有说服力；二则这些买进定式就是为了牛股准备的！

做股票先要把基础打牢，基础不牢，如同智商余额不足，难堪呀，而最最基础的东西就是K线知识。还记得一句话吗：出现K线反转信号趋势不一定反转的，但趋势反转时一定会出现反转的K线信号？今天，我再送你们一句：

买进定式的出现股价不一定要大涨，但每次大涨的初期一定会出现清晰的买进定式！

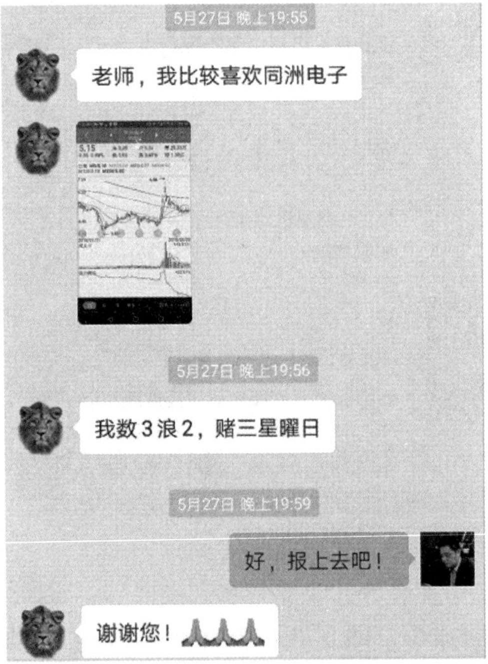

图3－15

第四章

大同小异——前倨后恭买入法

从这一章开始我们会连续学习五个基础定式，这五个基础定式是把上涨趋势里的一些结构分门别类地一一给分拆开来。五个定式都是结构方面的定式，完全发源于波浪理论。

对于“甩尾”这个词，我认为非常形象，因为这个买进定式，就是在2浪的末端就可以去关注这只个股了，或者是在运行3浪2的时候就去盯住了，然后只要3浪3出现了买进定式就去买进，赚的是涨速最快、涨幅最大的一个波段，我给大家做两幅图，先认识下。如图4－1和图4－2所示。大家注意本章内容都在这两幅图里，数字和字母代表的是浪形，除非特别说明其余的皆不是。

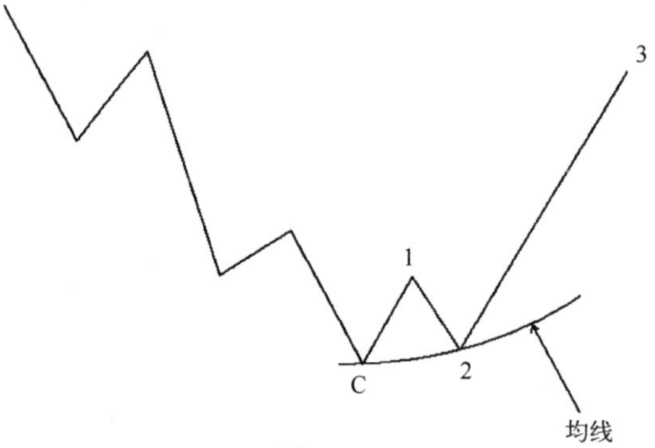

图4－1

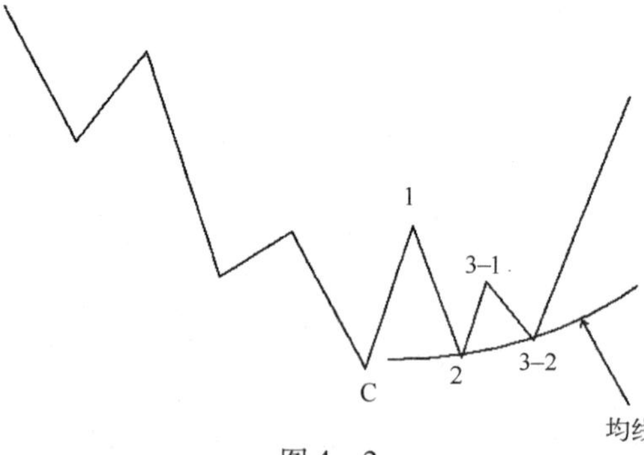

图4－2

大同小异买入法定式严格来说是图4－2里的结构，后一个底所在结构的级别小于前一个底所在结构的级别，比如2相对于

C 小一级，3 -2 相对于 3 小一级，这就是这个买入法的定式我给简称为“甩尾”的由来，但很多人并不是很了解波浪理论，所以很难界定具体的浪形结构，那就更谈不上去区分图 4 -1 和图 4 -2 里结构的不同之处了，所以，后面的内容我也不再去刻意区分这两个结构的不同，如果个别读者的波浪理论基础比较好，那你们最好在今后的操作中还是严格区分开来。

甩尾的整体结构简单来说就是股价对某一条均线的二次回调。现在先来看个实例图 4 -3，看看这个定式有哪些具体的条件和要求。当升科技 300073 从 2015 年 12 月 9 日开始了一波幅度为拦腰斩的调整(图中的 1 点处)，在触及 500 日均线的时候止跌反弹，这次反弹的极限高度也没有达到刚刚下跌幅度的一半，之后又开始调整到 500 日均线(图中的 2 点处)，然后上涨才是波澜壮阔呢，2 倍多！在当时的大盘环境上涨是可以接受的，但这个明显远超上证指数和创业板指数的走势还是让人瞠目结舌。

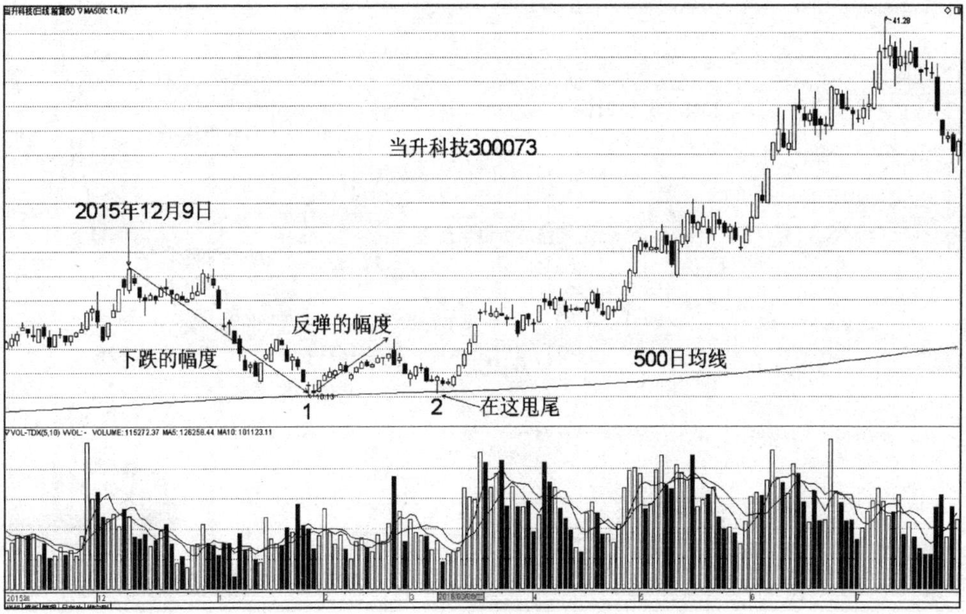

图 4 -3

现在来看看这个甩尾动作的一些细节，首先我们看到作为支撑的500日均线是微微上翘的，你们想没有想过，这个和三星曜日定式里5日上翘的道理或许是一样的，还有个细节，2点高于1点，更细心的人或许还会发现2点的阶段性成交量小于1点。

这几个细节你们先记好了，最后我告诉你们哪些是必须的条件。有个问题我得先说清楚，这个500日均线是我们自己调的，包括软件系统自带5日、20日、60日我们也都可以修改成8日、21日、55日，那么这个500日的参数自然可以改成480日或者610日，因此，在你们用这个甩尾定式的时候，如果甩尾的1点和2点不是很标准地坐落在系统里设置的均线上，那么你们完全可以自己修改成合适的均线。如图4-4-1所示，当升科技在之前的2015年9月还有一个甩尾，只是这个用500日均线来跟踪效果不是很理想，那么我来修改下，你们看看效果如何。

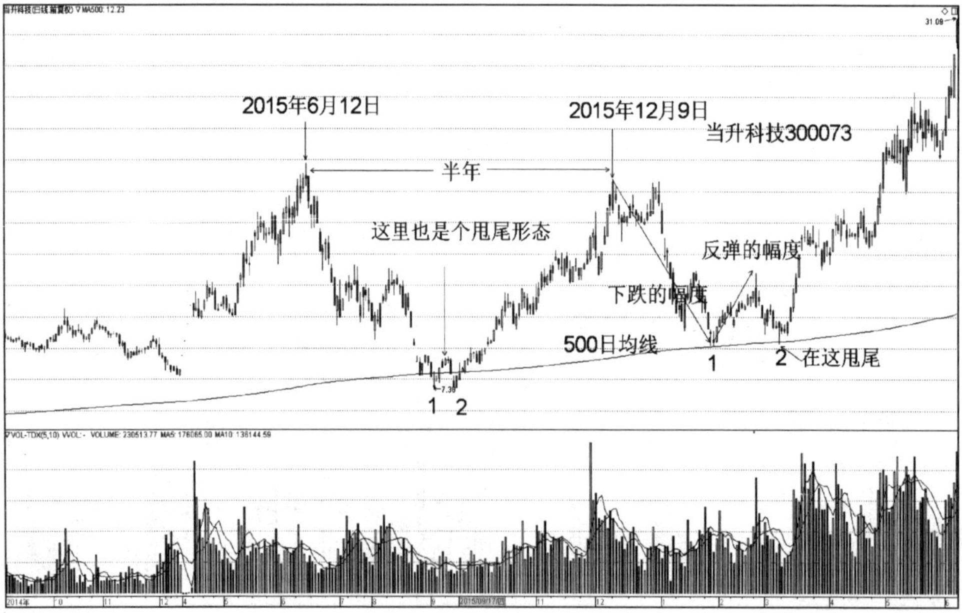

图4-4-1

如图4－4－2所示，我把参数从500变成了650，现在这个甩尾是不是非常标准了？今后在实际操作中，如果你们目测某个结构差不多是甩尾形态但均线又不是很标准，可以及时修改均线的参数，以便达到清晰可鉴的效果。在这个走势图，我们应该又可以看到图4－3里的现象，1点低于2点，650日均线往上翘，1点过后的反弹幅度和之前的下跌幅度相比简直可以忽略不计，2点前后的成交量好像也小于1点的。行吧，姑且这样统计着，我们再看看其他甩尾结构的例子。

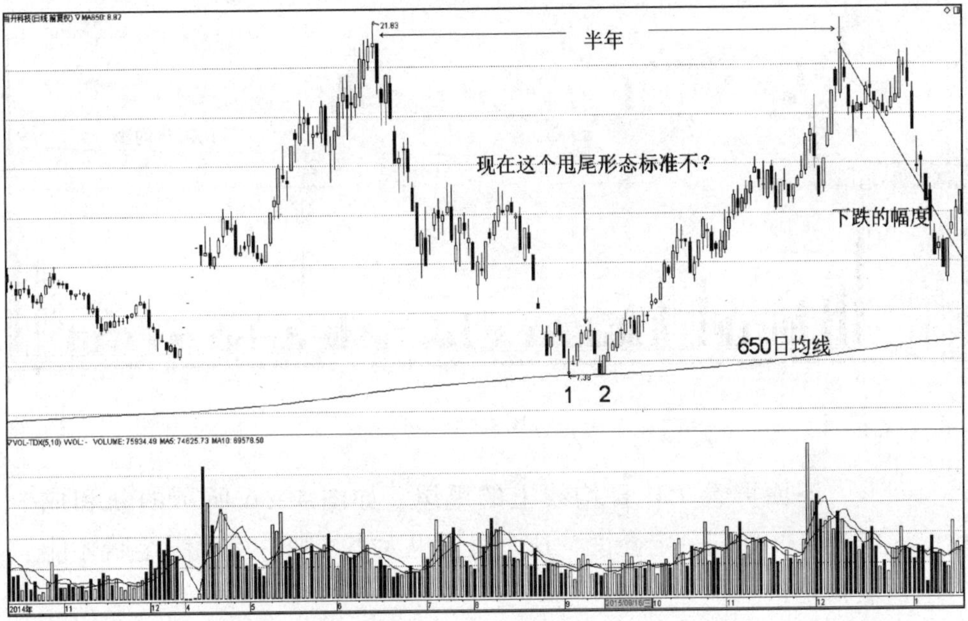

图4－4－2

图4－5所示为北京君正300223的走势图，用的是1000日均线，这是目前我用的免费软件里极限参数了，如果有可能我想设2500日参数！现在大家明白我为什么建议你们用MA2均线了吧，还让你们把参数都调得那么大，就是为了尽可能多地发现市场存在的机会。

这只个股四点好像也都具备，①均线上翘；②2 点高于 1 点；③1 点之后的反弹高度远小于 1 点之前的下跌幅度；④2 点的成交量还是小于 1 点的。

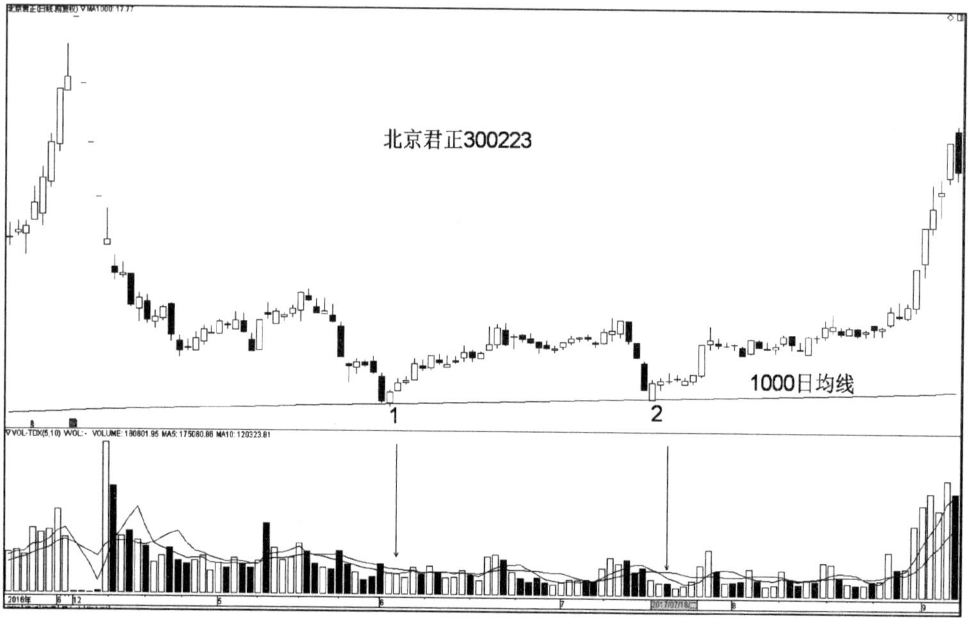

图 4 – 5

下面再看 750 日均线上的甩尾，如图 4 – 6 所示的新和成 002001。你们一定会说，这个甩尾也太小了吧，得火眼金睛才能看清楚！

首先有两点和上面的相同：第一，750 日均线往上翘；第二，1 点过后的反弹空间远远小于之前的下跌空间。但也有两点不同：第一，1 点的最低点等于 2 点的最低点；第二，2 点成交量大于 1 点的了。有变化了，怎么理解？后面讲。

好，现在来看大一点的甩尾结构，如图 4 –7 所示，包钢股份 600019。这个走势里的成交量又变成 2 的小于 1 的了，其他的和前面的好像没有什么不同。但是，如果你们细心的话还是会发现

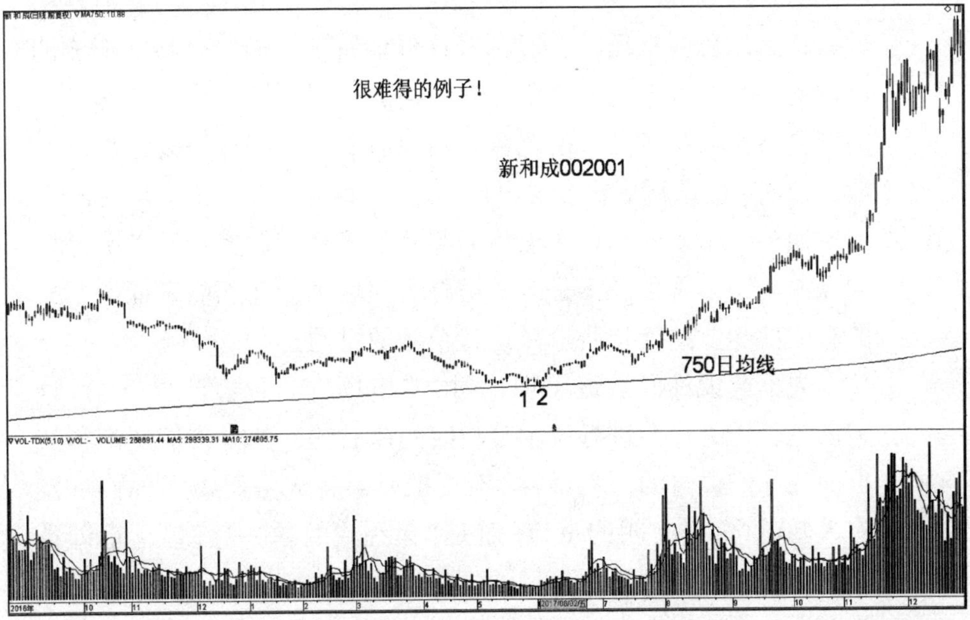

图4-6

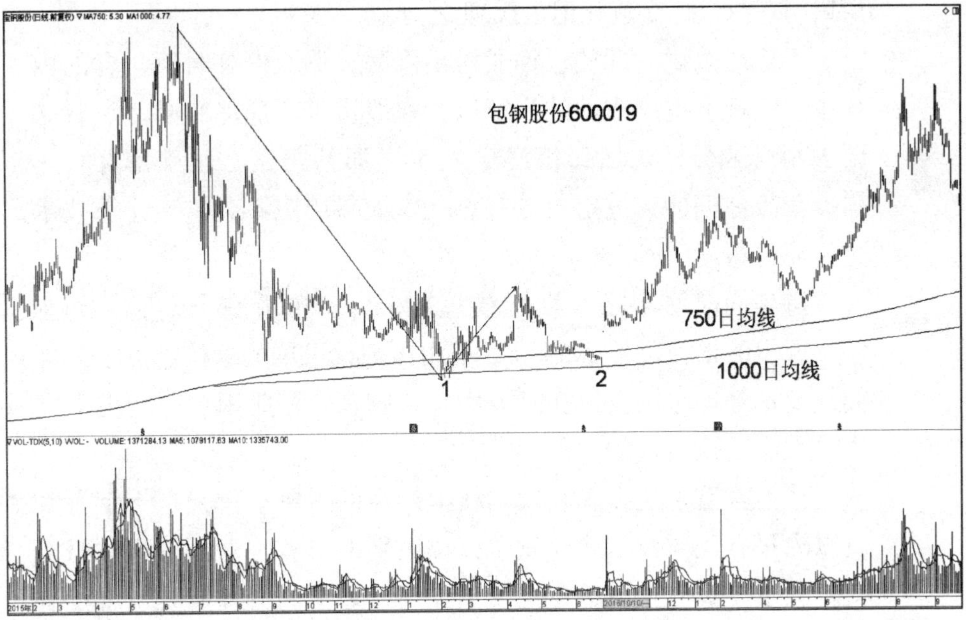

图4-7

不同的，那就是我放了两条均线，一条是三年的，一条是四年的，什么意思呢？很多个股都有这样的特征，而这个特征形成的条件就是前期有过一波大涨，然后再大跌形成了1点，这样就会造成多条长期均线黏合的现象，所以有时候，有过一波大涨的个股，经过一轮深调后机会会再现！

而第二个不同就是2点后的起涨是停牌三个多月后以涨停板起涨的，这个现象是不是应该解释为偶然性，并不能来证明定式的有效性呢？这就是我选择这只个股的目的！

先不要说你们学道氏理论时，“市场行为包容消化一切”这句话是否作为你们进行技术分析时的座右铭，如果你们还记得我上面和你们说过的一句话：“不要把股票看成是死物！”你们一定有人知道“蜂群文明的意识”就是“集约式的单一意识”，也即群体所有的行为都围绕一个目的，如果你能理解了，那么你就会认为上涨、下跌、滞涨、滞跌等现象实际上就是个股的情绪化表现了。如果你实在不能想象大盘、个股等等投资对象是具有拟人化情绪的东西，那么就死记道氏理论。

不管怎么说，即使包钢股份不停牌，那么停牌时所包含的内容也会让这个甩尾成功的！所以，在股市里，偶然和必然没有必要去刻意区分，既然事情已经发生了那就当做必然来解释！这样，我教你们的买进定式才有意义，如果历史不会重演，那技术分析还行得通吗？

讲到同时对多条长期均线甩尾，大家再看一个例子，如图4－8所示的银河磁体300127，不用再细说甩尾的结构特点了，你们只要记好，甩尾发生在几条大均线的黏合处是因为其历史上发生的大涨大跌造成的。

让大家看了这么多在大均线上产生的甩尾动作，是不是有人就以为只有大均线上才会发生，小级别上没有？真要是这样想那就麻烦了。我只是说甩尾是发生在均线之上的一种定式，可没有说只能发生在大均线上。如图4－9所示的风华高科000636，在

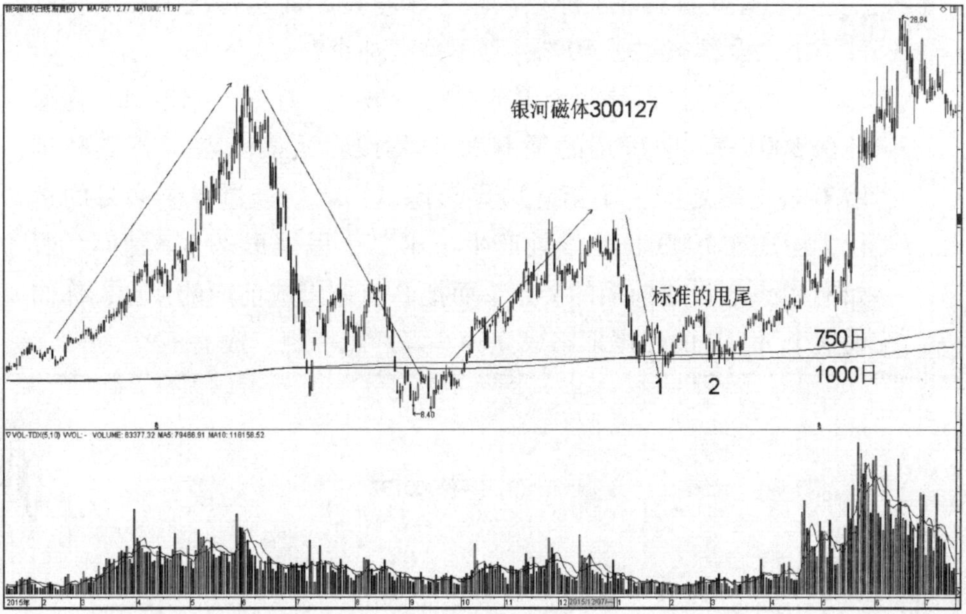
银河磁体300127
标准的甩尾
750日
1000日
1
2

图 4－8

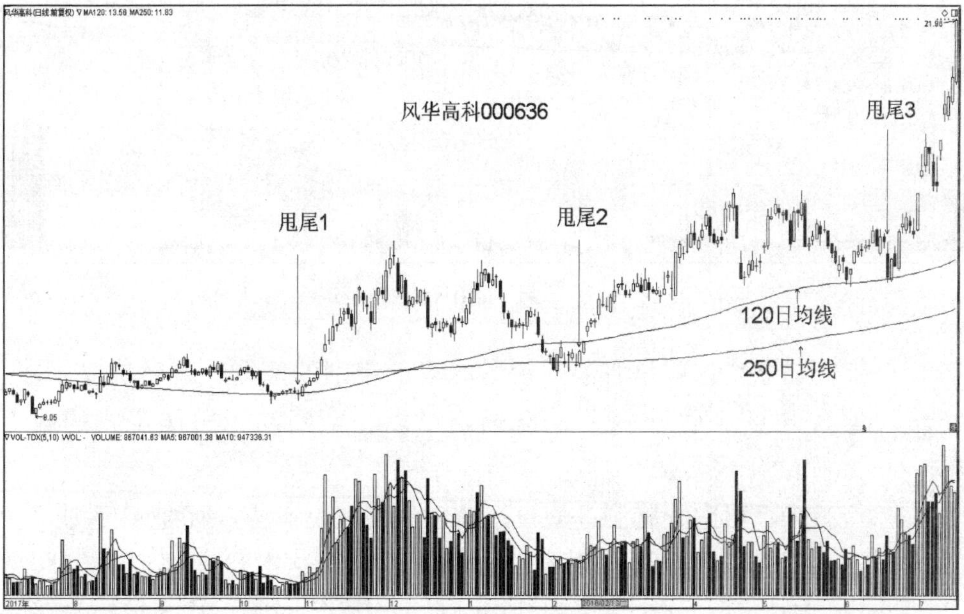
风华高科000636
甩尾1
甩尾2
甩尾3
120日均线
250日均线

图 4－9

120 日和 250 日均线上连续出现三个甩尾，而且每次上涨的幅度都不小，全部超过了 50%，是不是很神奇？

是很神奇！再看两个更神奇的。第一个看图 4－10－1，先河环保 300137，图里用的是 1000 日均线，从最高点 X 点调整到 1000 日均线处产生了第一甩尾形态 A，之后经过 2 个多月的运行，还是在 1000 日均线处产生了第二个甩尾形态 B。请问，假如把 A 点假设成前面的 1 点，而把 B 点假设成前面的 2 点，你们说这个 A＋B 的甩尾形态成立吗？好好想一想，成立不？

图 4－10－1

成立！这就是波浪理论里的浪形级别的问题，既然成立了，那么 B 点之后近 40% 的涨幅就可以完全归功于甩尾定式的威力了。

来，再次开脑洞，假设把 A＋B 看成是 1 点，而把 C 看成 2 点，问你们这个甩尾形态成立不？呵呵，这次肯定都说“老师，成立啦！哎，这个甩尾的结构也真是大呀！”对呀，这个结构是够大的，正因为甩尾结构这么大，从 C 点之后最大涨幅达 170% 也就理所当然了。

第二个神奇的是元力股份300174，如图4－10－2所示。从最高点X点调整到500日均线已经跌去了70%，产生甩尾A，只是这个A甩尾之后的涨幅比图4－10－1的要大得多，达120%，5个月后又完成了甩尾B，同理，我们可以把甩尾A看成是1点，甩尾B看成2点，那么它又组成了新的、结构更大的甩尾形态，所以后期在大盘环境良好和热点板块的共同作用下，不到200个交日易涨幅超过300%！

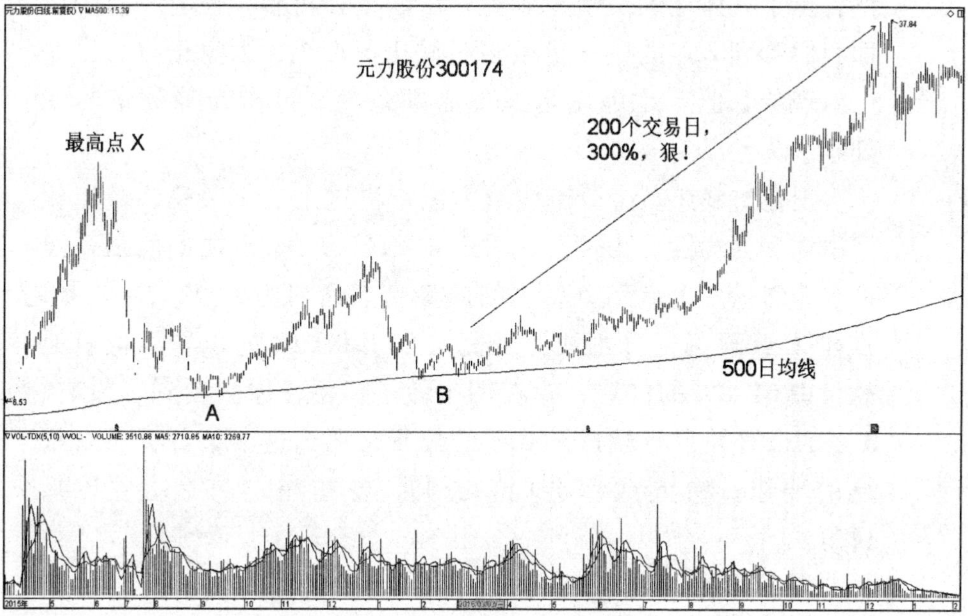

图4－10－2

因此，今后遇到这样复合形态的甩尾，大胆地考虑参与，只是在产生甩尾的均线上设置好合理的止损价位即可！

讲到这里，读者是不是急不可耐地要去翻股票了。大可不必这么急！你们不要以为这种甩尾的形态很稀缺，实际上这种形态无处不在！

我把这个基础定式放在第一位就是因为它的广泛性，不信的话，对照K线图仔细看看，每一只，包括上市后完成点点点涨停板后能运行一段时间的，都具有这种形态，只是参数不一样或者运用的分析周期不同而已。

现在总结甩尾的三个必要条件：第一，作为起支撑作用的均线，在产生甩尾定式时必须已经上翘；第二，2点不能低于1点，但可以是相等的价格，理由就是2浪的终点不能跌破1浪的起始点，这一点要谨记，这也是为什么我选择图4－6给你们讲解的原因；第三，1点之后的反弹高度不要超过之前调整的一定比例，至于具体比例是多少为宜，后面单独讲解。还有一点，上面我们看到2点的成交量很多时候比1点小，大家记好，这是个好现象，但不是甩尾定式的必须条件，可作为辅助信号来处理。

现在，我用黄金分割线给大家讲讲这个比例关系，就以银河磁体和元力股份为例。先看图4－11－1，1点之前的最高点命名为X点，1点和2点之间的最高点命名为3点，现在从1点往X点画黄金分割线，画完后找出0.618的位置，也就是软件中61.8%的位置，我在图中做了标注，你们看到了没有，3点的位置并没有超过0.618的位置，那么这个条件就符合甩尾的要求。有人或许会问，老师，要是超过怎么办？以后讲解。

现在再来看看符合甩尾结构的元力股份，如图4－11－2所示。图中，不管是A甩尾处的1、2、3点的比例关系，还是B甩尾处的1、2、3点的比例关系都完全符合要求的，因为这两个3点反弹的幅度都很小，目测一下也会得出结论的，现在主要看A点和B点之间的高点C是否符合要求，要是不符合要求，那么这个复合的大甩尾结构就不能成立了。从甩尾A的1点往最高点X画黄金分割线，你们看见了吧，C点并没有过0.618的高度，OK，复合甩尾形态成立！

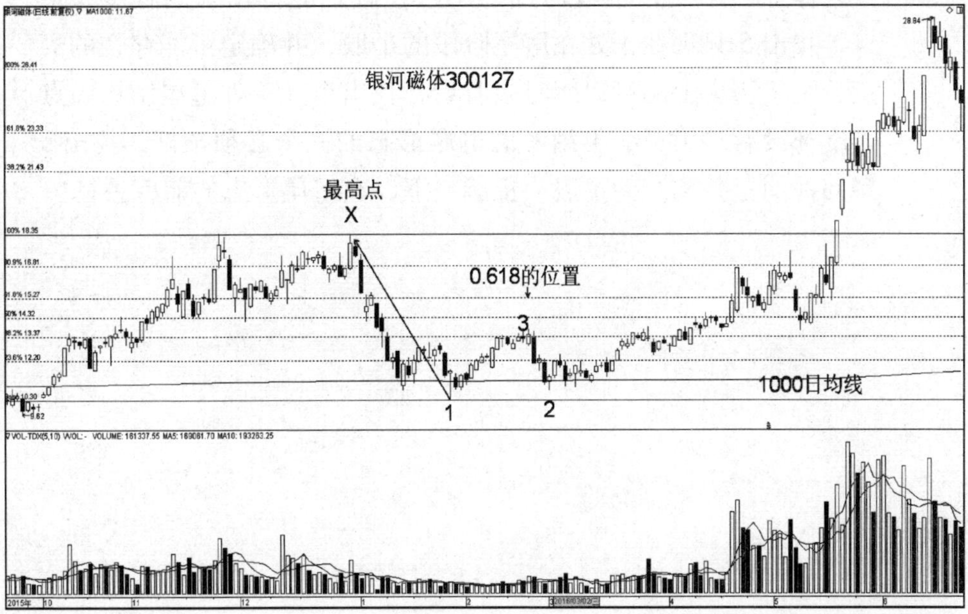
银河磁体300127
最高点
X
0.618的位置
3
1
2
1000日均线

图 4－11－1

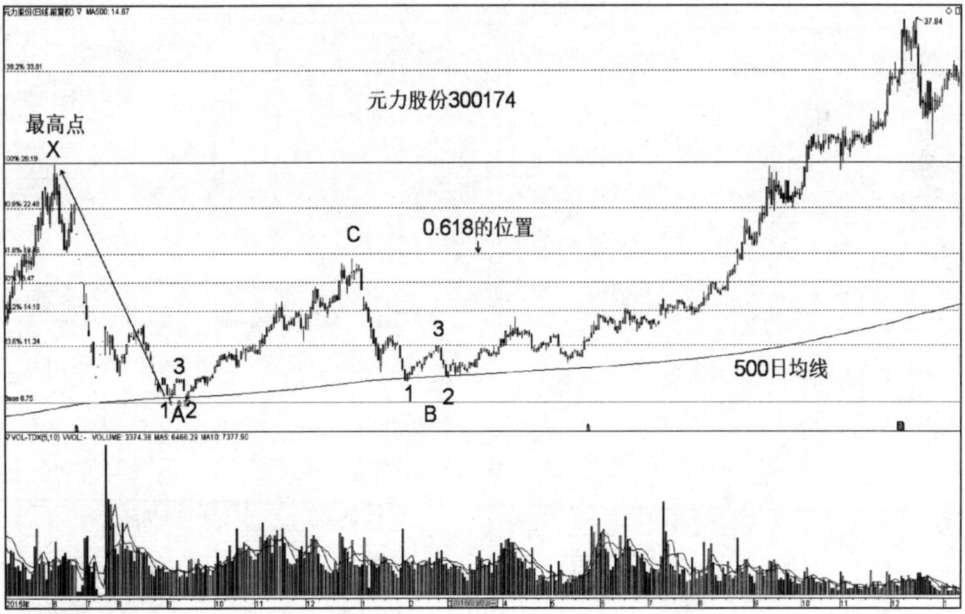
元力股份300174
最高点
X
C
0.618的位置
3
1A2
3
1
B
2
500日均线

图 4－11－2

作业：第一，学习均线的用法，做到能背出来的程度；第二，找出5只现在正处在甩尾阶段的个股，并确定可能存在的买点，至于历史上的可以闲时多看看，找出个几千处甩尾结构一点难度都没有；第三、不用考虑甩尾形态的三个必须条件，找出5只回抽同一条均线的个股，提醒一下，在甩尾形态的前后去找！

第五章

南辕北辙——二郎担山买入法

这一章，我就先用案例讲解二郎担山，先看第一个智动力300686。

图5－1所示为智动力300686的走势图，一剑封喉和三星捉腰带是6月6日完成的。

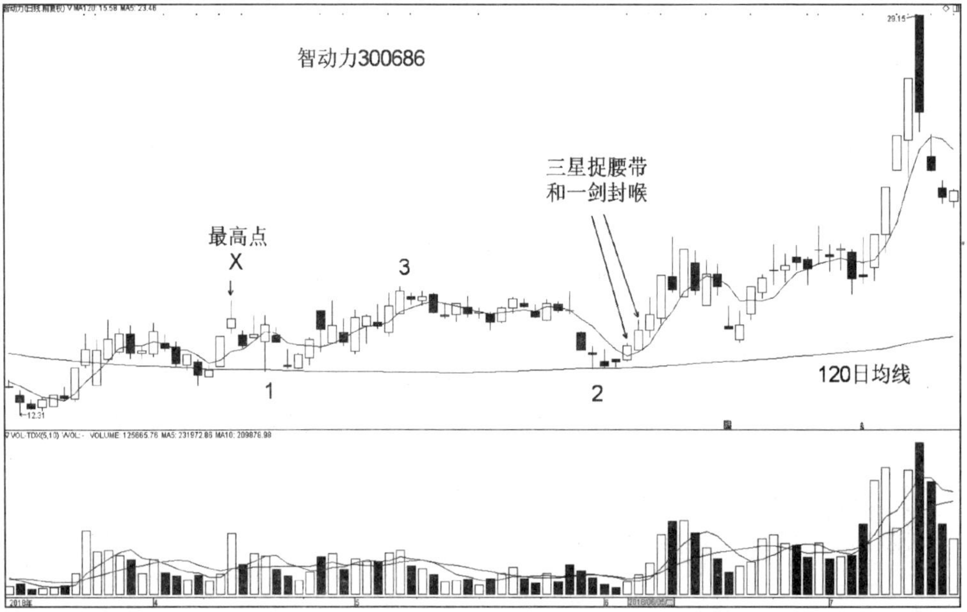

图5－1

从图中可以看出在120日均线上产生了两个点，即1点和2点，这时候目测也能知道1点和2点之间的高点3超过了1点之前的最高点X点，这个走势和甩尾的要求明显不符，虽然2点高于1点，且成交量比1点小，而120日均线也是往上翘的，实际上，二郎担山不像甩尾那么苛刻，它只要求1点和2点坐落在同一条均线，就满足二郎担山形态的要求了，即使3点远远高于X点！

这个买进定式之所以叫二郎担山，就是因为坐落在同一条均线上的底可能是同一个浪形级别的，甚至后期底的级别还可能大于前期的，而甩尾定式要求后期底的级别不可以大于前期的，至多等同，这就是二郎担山定式与甩尾定式的根本性区别。

第二个案例是宋城演艺300144，在图5－2里，1点和2点组成了第一个二郎担山定式，2点和3点组成了第二个二郎担山结构，之后5月25日标准的单过定式，只是当时大盘沿着5日均线下行，估计开仓人的不会太多，即使开仓，计划资金也不敢太多，但5月30日的群过完全可以考虑制定买进计划了。前面我曾经说过，开仓点过后的第二个买点信号确定成立的时候就要考虑加满仓了。但当时大盘环境实在恶劣，能在这只个股上赚到钱胆气够壮！

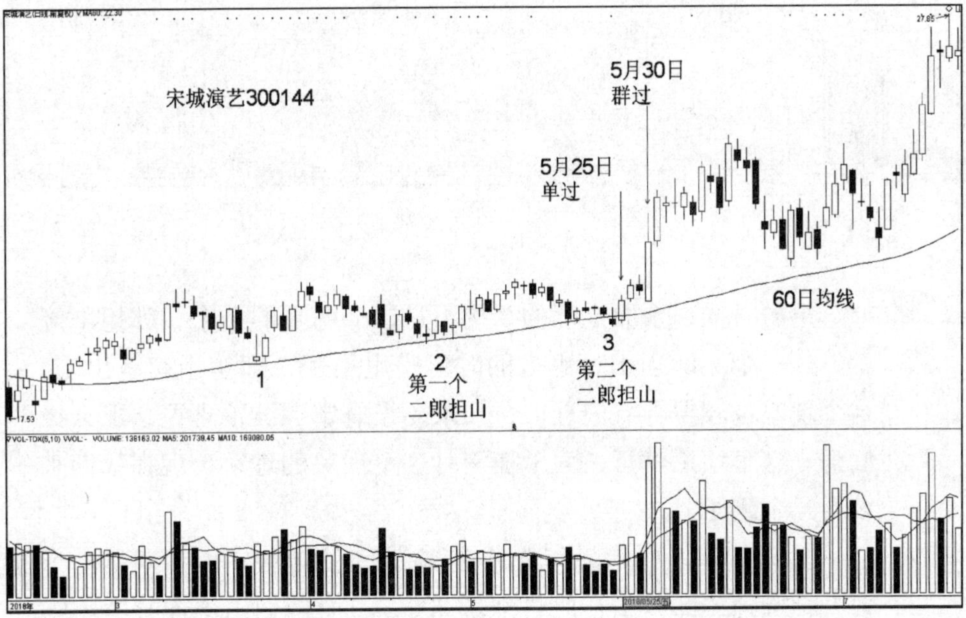

图5－2

像这样阶段性连续出现二郎担山的情形，虽然不像甩尾形态一样各个股票都会具备，但在上涨结构的个股里还是比较普遍的。

如图5－3所示，中际旭创300308一个上涨的结构里，连续三个二郎担山，把股价担上了天！

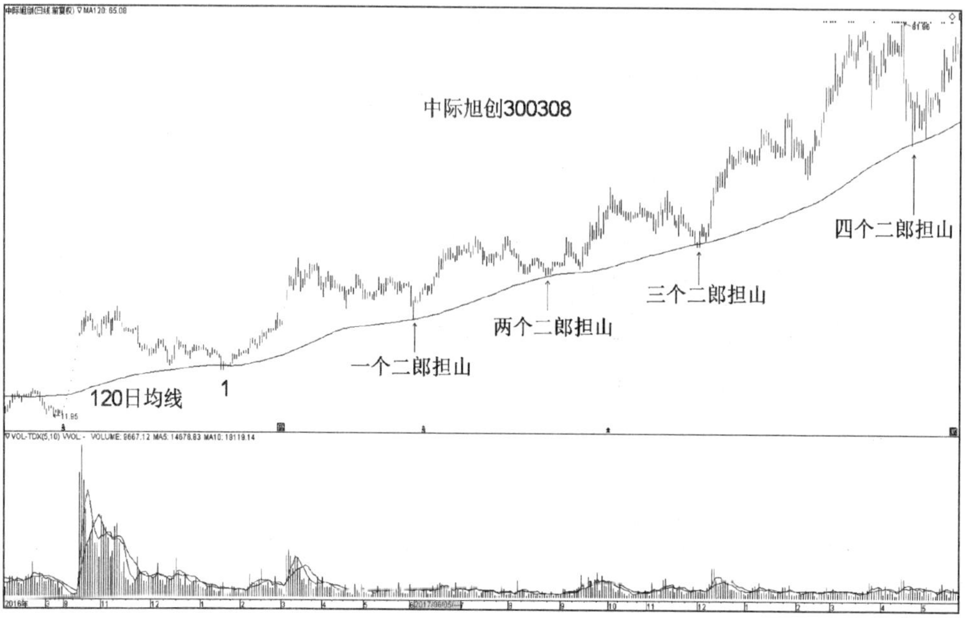

图 5－3

很多时候，个股上涨的结构不是这么明显的一个二郎担山接着另外一个二郎担山，更多的时候是甩尾和二郎担山交替出现，这个现象也较符合波浪理论，如果还没有掌握波浪理论，那么你们记好这个结论就行，为了加深对这个现象的理解，现在我们来多看几个例子。

图 5－4－1 所示为华友钴业 603799 的走势图，前期是一个较大结构的二郎担山让股价涨了 200%，而后期两个连续的小结构的二郎担山则把股价顶上了天。这里我并不是想要告诉大家，二郎担山多么多么厉害，而是想要告诉你们两个连续的二郎担山之前还包含一个甩尾定式！

如图 5－4－2 所示，看见了吧，在二郎担山定式之前的 1 点和 2 点形成了一个甩尾定式，像这样，甩尾和二郎担山交叉出现才是常态，我把这个现象命名为二月相连！

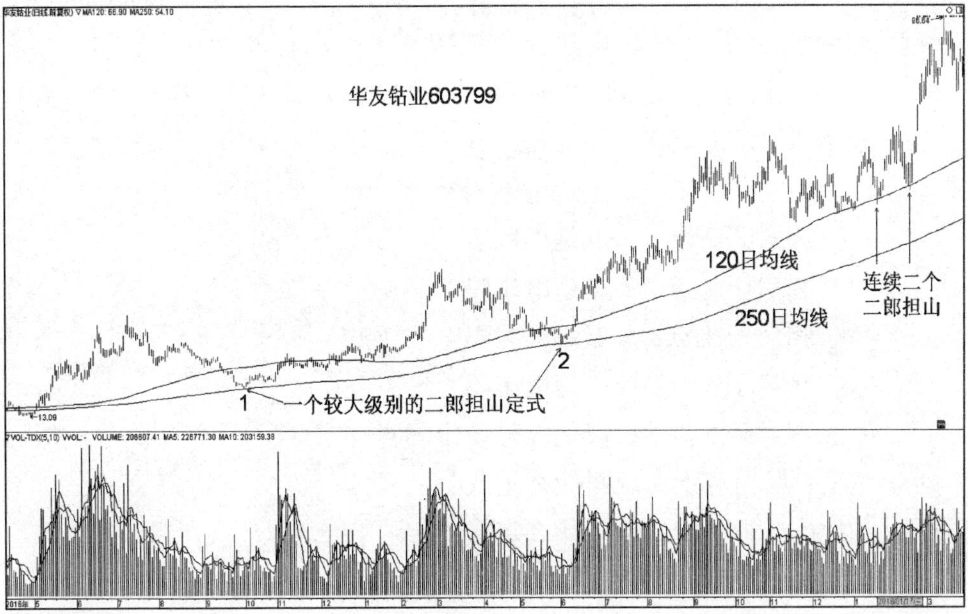
华友钴业603799
120日均线
250日均线
连续二个
二郎担山
1
2
一个较大级别的二郎担山定式

图 5-4-1

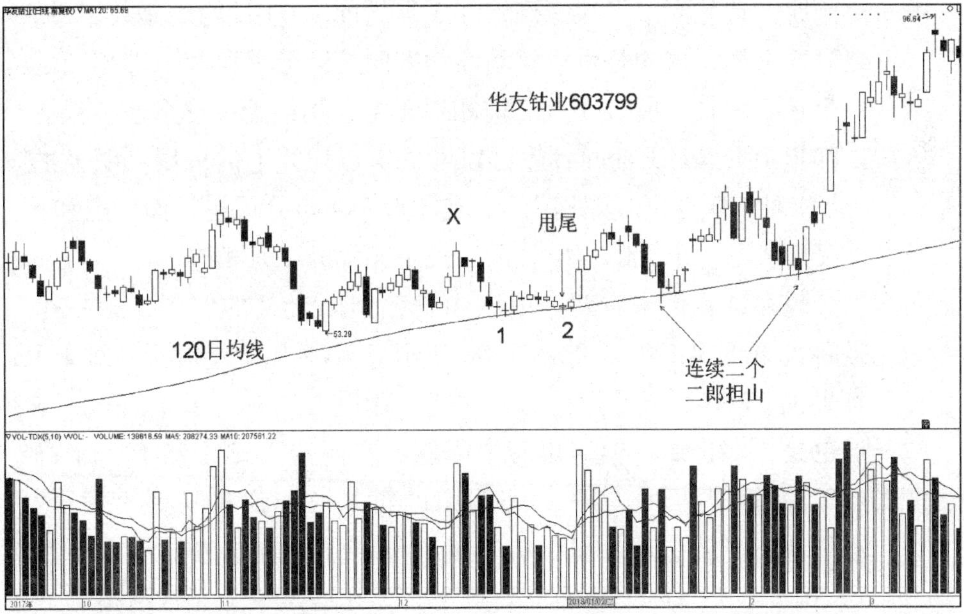
华友钴业603799
X
甩尾
1
2
120日均线
连续二个
二郎担山

图 5-4-2

如图5-5所示，蓝光发展600466，是一个非常棒的案例！图中是一条1000日均线，我把接触点分别标注为1、2、3、4、5、6，它们两点之间的唯一高点标注为A、B、C、D、E，最高点为X。问题如下：

相对于1点，2点是甩尾吗？

相对于2点，3点是甩尾吗？

相对于1点，3点是甩尾吗？

相对于4点，5点是甩尾吗？

相对于4点，6点是甩尾吗？

相对于5点，6点是二郎担山吗？

4点相对于1点叫什么定式？

6点相对于3点叫什么定式？

……

要是按照组合排列，可以再问出更多的问题，但这不是目的，目的是让大家按照甩尾和二郎担山定式的必要条件去思考解决问题。首先大家得注意到，在3点之前1000日均线是往下的，之后才上翘，这才是重点，均线的方向是区分甩尾和二郎担山的一个重要因素，所以3点之前相对于4点均线无甩尾形态，只有二郎担山形态！3点过后才可以考虑4点均线上的甩尾，明显的4点相对于3点是二郎担山，5点相对于4点是甩尾，而6点和5点又组成了一个二郎担山，前后两个完美的二月相连。

现在，我们来看两个甩尾和二郎担山交叉的例子，第一个是科大讯飞002230，如图5-6所示。从高点X来判断，对于1点来说，2点明显是甩尾，3点是二郎担山；而对于2点来说3点也是二郎担山。但这里有个问题，在高点X之上还有一个高点Y，那在判断甩尾和二郎担山的定式时，到底以哪个为准？这里就关乎波浪理论里结构方面的知识了。仔细看，从2点涨到2017年11月22日的最高点49.77元这是一个非常清晰的五浪上涨结构，那么，从这个定论来倒推，就知道之前的一个完

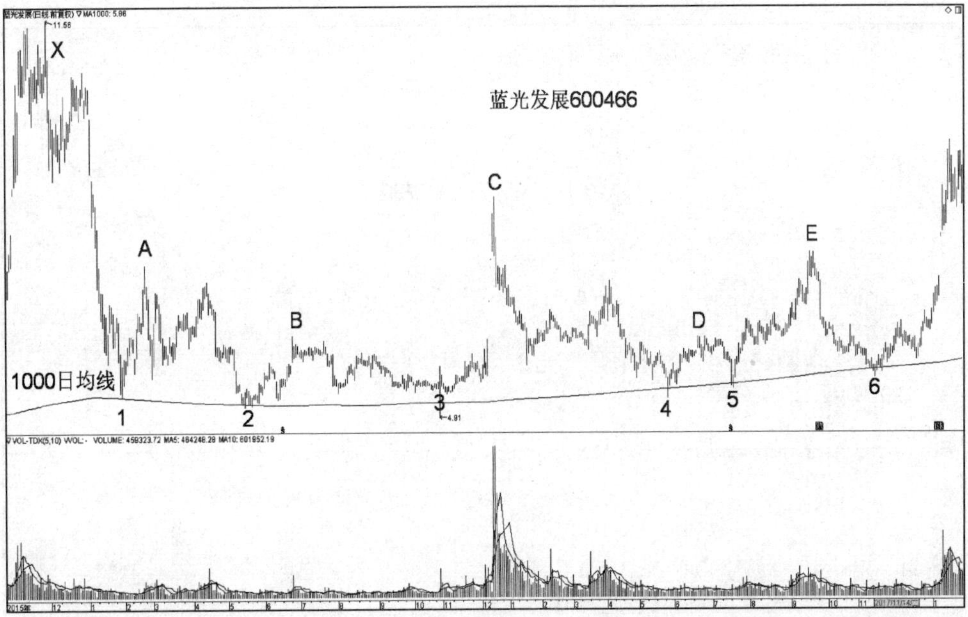

图5-5

整的调整结构是从Y点到2点，所以，在分析的时候，如果浪形结构清晰的个股，就应该从Y点开始计算最高价。

如果有人不懂波浪理论也不要紧，用哪个都行，只是务必记住总纲。

第二个交叉的例子是士兰微600460，如图5-7所示。在这个图里我只从高点X开始标注了浪形，包括ABC的三浪调整结构和一个五浪结构，按照这个浪形结构，尝试自己去判断低点和低点之间的高点应该怎么标注，然后去找出所有的甩尾和二郎担山，最后会发现甩尾和二郎担山两种形态总是紧密相连地出现。至于现在不懂波浪理论的人也别灰心，最好抽点时间学学，那话不是说了嘛：学与不学，知识就在那里！

现在问一个问题，甩尾和二郎担山定式可以像三星捉腰带一样提前埋伏吗？

最后两幅图，图5-8和图5-9，读者自己标注高低点，把所有的甩尾和二郎担山形态找出来。

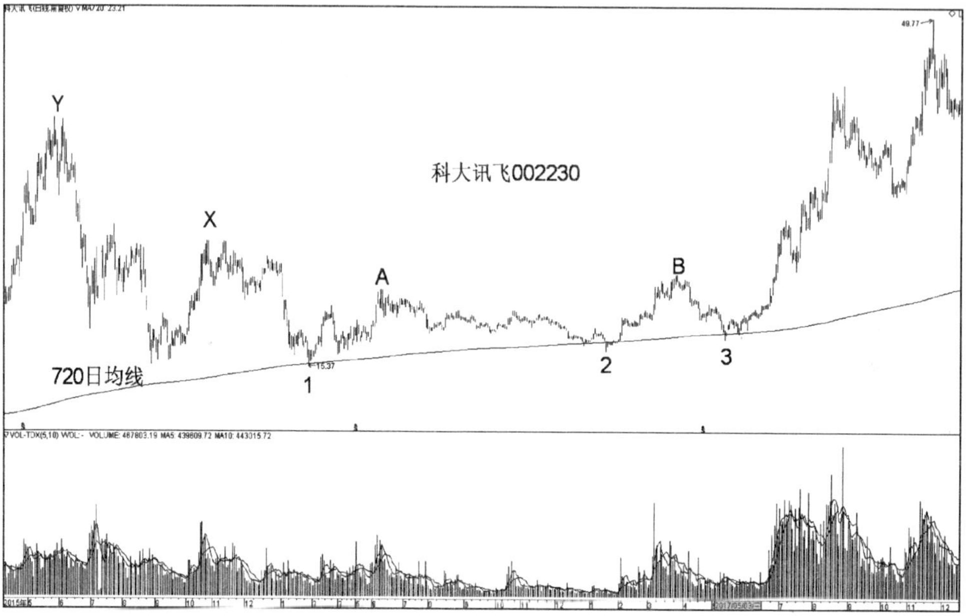
Y
X
A
B
科大讯飞002230
720日均线
1
2
3
49.77
15.37

图 5－6

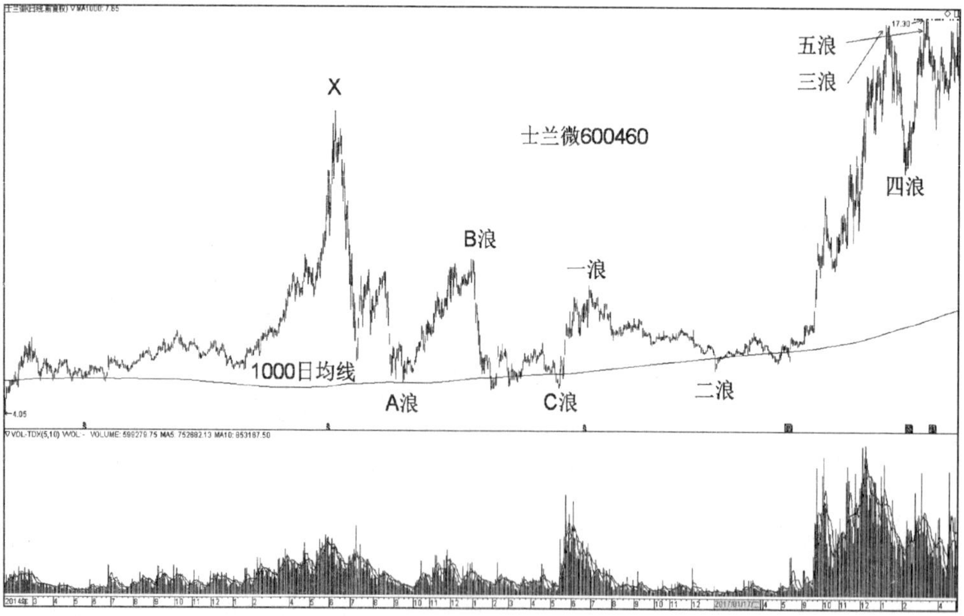
X
士兰微600460
五浪
三浪
四浪
B浪
一浪
1000日均线
A浪
C浪
二浪
17.30
4.05

图 5－7

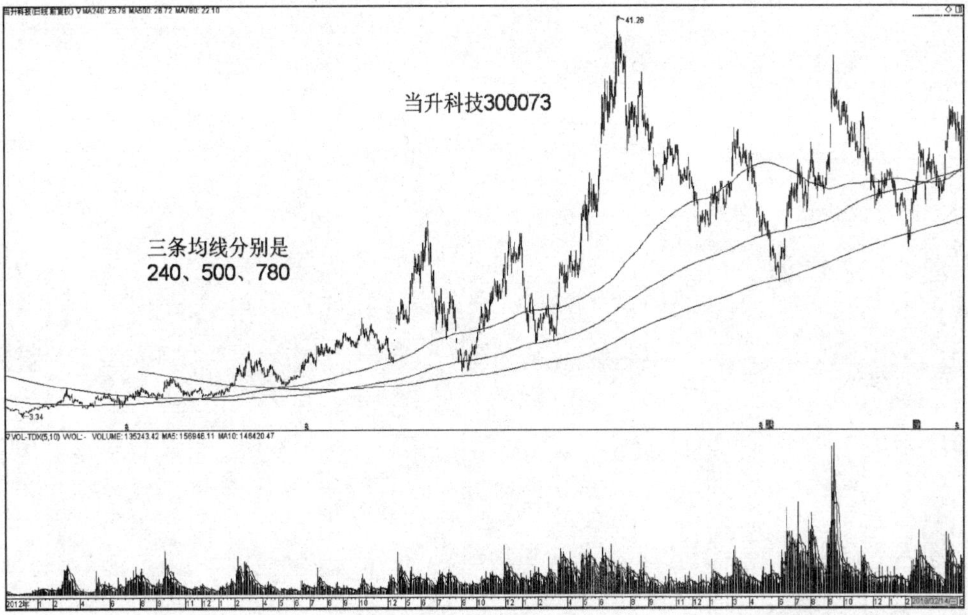

图 5-8

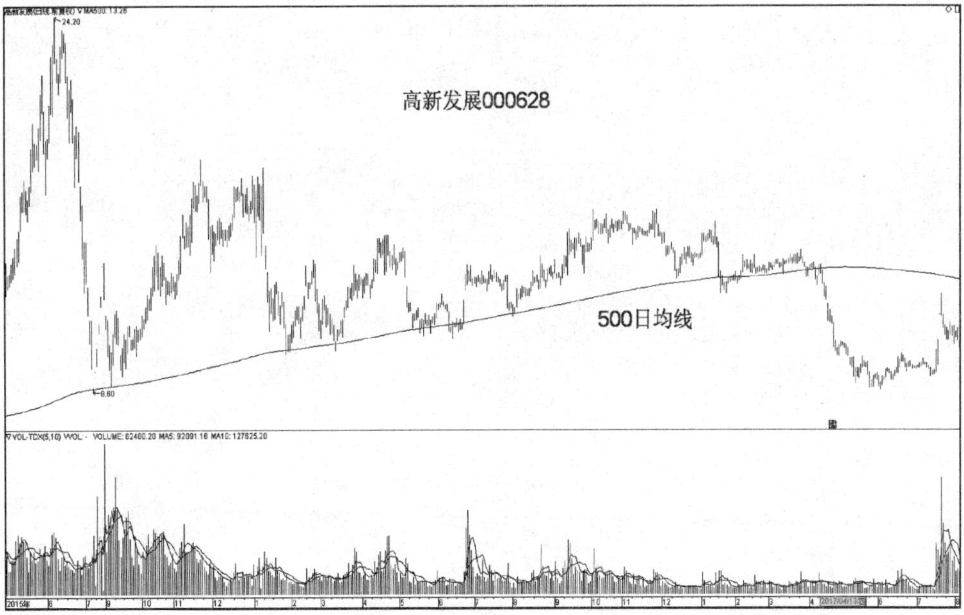

图 5-9

第六章

稍纵即逝——三山倒挂买入法

在学习K线图的时候，大多数书上都会讲到三山形态和三川形态。三山形态是头部形态，类似的头部形态还有三尊顶，即头肩顶，而倒三尊则是底部形态。三山形态的三个顶不要求一定都是水平的，可以逐步提高也可以是前两顶一样高，第三顶稍微高点，也可以有个趋势线压制。而三川是看涨的，经过一轮下跌以后，这个地方涨了一波调下来，然后又涨一波又调下来，又涨又调，这三川就完成了，于是形成一波上涨行情。而我的这个三山定式部分理论来源于这里，只所以说是部分理论，是因为对一些书上关于三川和三山形态所包含的浪形结构的不统一性并不认同，而本章我所讲述的三山形态是从属于同一个级别或者同一个趋势方向里的浪型结构。

先看下面三幅图，图6－1、图6－2、图6－3是读者们的交流，对任何一种定式的学习和理解对他们来说，可能都希望能完全掌握，把每一个建立在波浪理论上的知识点学透！

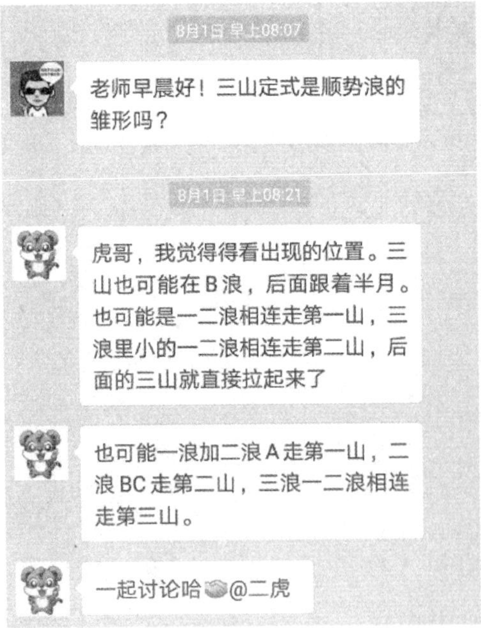

图6－1

图6－2

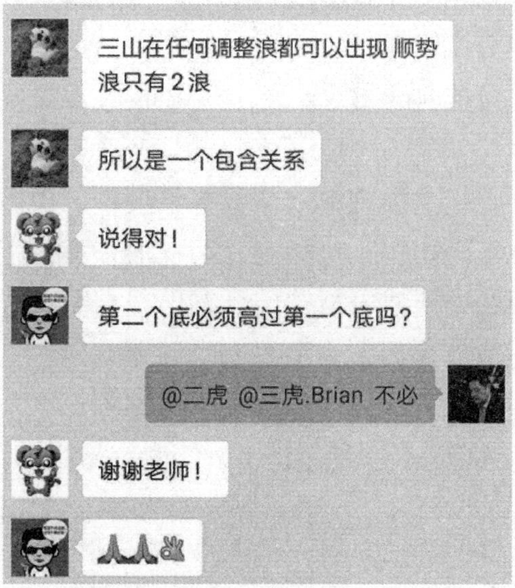

图6-3

看了上面的三幅图，不少人或许会说这个三山倒挂形态是个调整浪结构里的买进定式，这有点片面了，事实上，三山形态可以出现在八浪结构里的任何一个浪形结构里的，只是2018年2月初至今大盘环境不是很好，凸显了反弹浪里的三山形态异常清晰，以至成为了大家惯用的定式，但这并不能理解为三山形态只会出现下跌趋势的反弹浪里。

三山倒挂形态是我对同一个浪形结构里涨跌明显的三根独立的K线的形容，在上涨趋势里，三山形态出现在调整浪里，而在下跌趋势里，三山形态就是个反弹浪了。

现在我们把大盘环境看成是首要因素来讲述这个三山形态，假设三山形态出现在反弹浪里。在反弹浪里这个三山结构绝大多数的时候有三次明显的上涨，甚至很多时候其中的上涨包含涨停板的K线，从力度方面剖析这个三山结构，通常分别为C-1浪、C-3浪和C5浪，但这里三山只是个形象的比喻，不代表一定会有三个大阳线的，有两个根行不行？有四根行不行？行的，只是两根和四根通常代表的意思不一样，两根的大多就是A浪和C浪，而四根分别是A浪、C-1浪、C-3浪和C-5浪的概率较大，当然也可能包含B-2浪，三山形态通常就是这些浪里的其中几个。

在反弹浪里这样理解结构基本不会错，但因为三山形态出现在不同的浪形结构里，比如主升第五浪，那么上面的讲述可能就会变成错误的，所以分析三山形态出现在哪个或者哪几个浪形结构里再去记浪就显得尤为重要！

我现在用几只个股来进一步说明这种形态。第一个，苏州恒久002808，如图6-4所示。

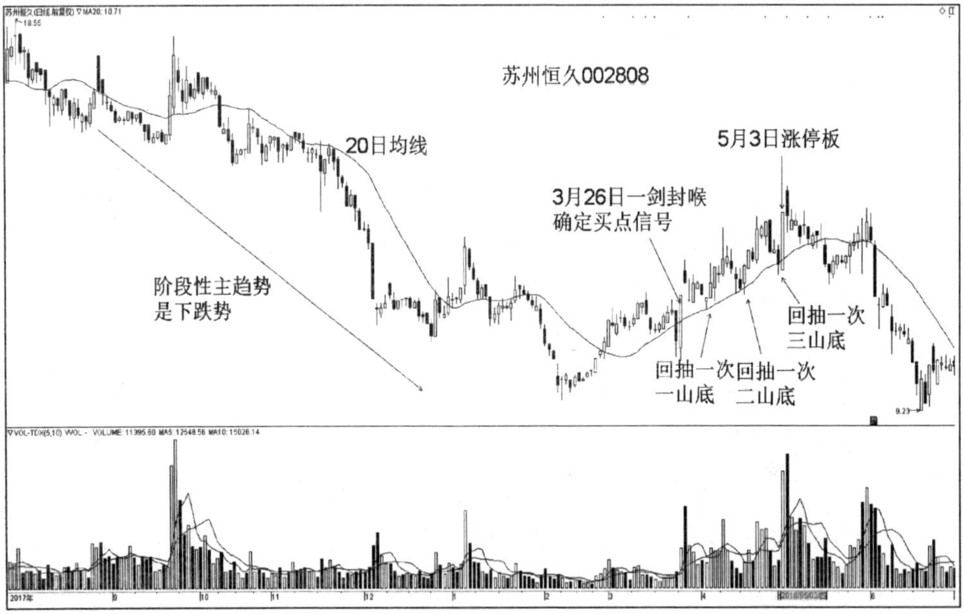

图6-4

图6-4是苏州恒久的走势图，3月26日股价从20日均线空翻多一剑封喉，确定了买点信号的成立，形成第一山，这时候你可能不知道什么时候介入为最佳点位，那么等股价第一次回抽到

20日均线时的一山底就是个可能，而事实上非激进的操作者，通常会在二山底或者三山底介入，5月3日涨停板了，很不错！请注意，5月3日涨停后，次日再摸高就继续延续下跌势了，真是始于涨停板，终于涨停板！所以在弱势里做三山定式大多数的时候就是个短线思路，抢个反弹就需离场，那么抢得不对，破了止损也需离场，在这个例子中20日均线均线就是很好的止损位。

美国有个T+0交易账户，这个账户就是专门为短线客准备的，T+0交易，一大群短线高手在里面PK，他们通常买在第几个底，卖在第几个头?

现在看第二个例子惠威科技002888，如图6-5所示。请注意我把均线调整成了22日均线，只是为了让大家把一山的一剑封喉看清楚些。二山过后就开始盯住，等二山底确定的时候就开始买进了，三山的时候又可买，之后的调整只是往5日均线靠了靠，连20日均线和60日均线都没有去触摸，强，如同倔强的孩子！后期气势如虹的上涨，岂止是两个板啊，买了它的人，其膨胀的心情又岂是发一个红包可以压制的！

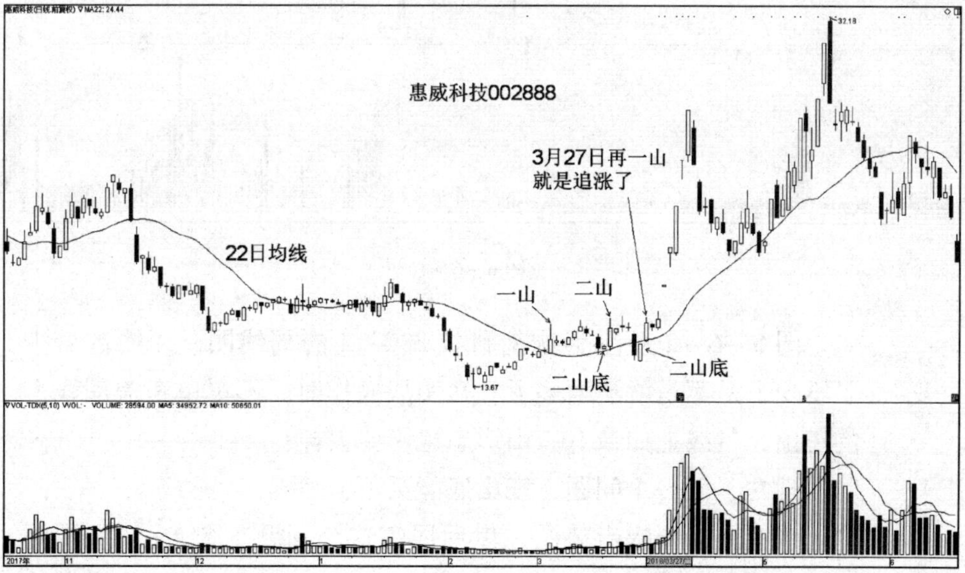

图6-5

如果把这个例子看懂了，也就知道了，只要把止损位设置合理了，一山底可以买，二山底应该买，第三底可以买。这个结论算了回答了上面的问题，记住吧，活了一代又一代的老江湖们的经验。

图 6－6－1 所示为迦南科技 300412 阶段性的整体走势图，该股从 2017 年 10 月 13 日在穿越 300 日均线后连续下跌，4 个多月后开始上涨去冲击 300 日均线，形成了一个较大结构的一山形态，随后又两次冲击 300 日均线，分别形成了二山和三山，博取的是二山的上涨，对于这么大的结构，理解起来有难度，那就去看看周线。

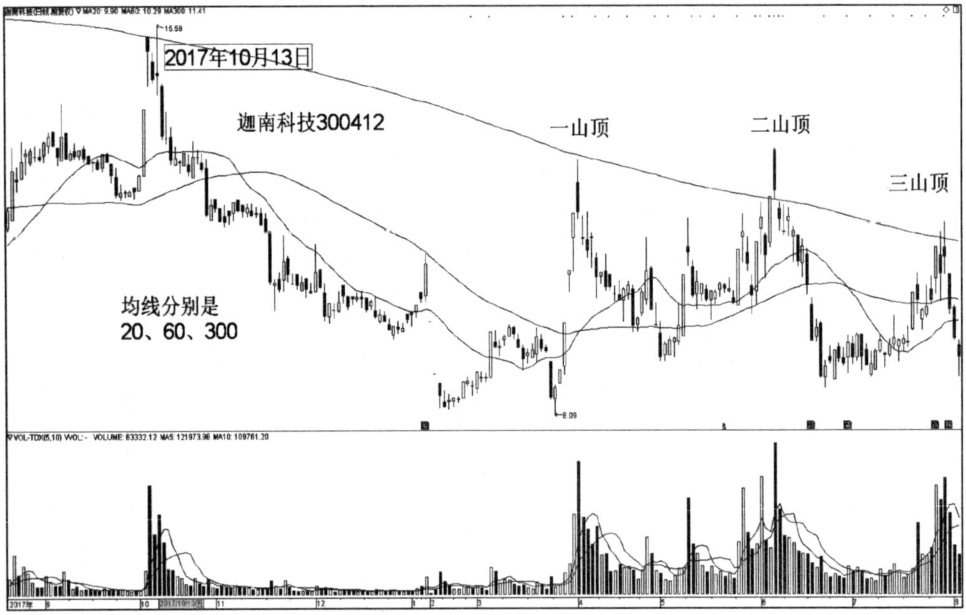

图 6－6－1

图 6－6－2 所示为迦南科技 300412 的周线图，K 线数量少了不少，是不是就清晰多了？在实战操作时，不单单考虑周线上的三山，月线上如果有三山形态也不要丢掉！

现在，问一个问题，三山底能买不？

现在来看两幅走势图，然后回答这个问题。图 6－7 所示为国盛金控 002670K 线图，图中的均线我调成了 77 日，这样做的

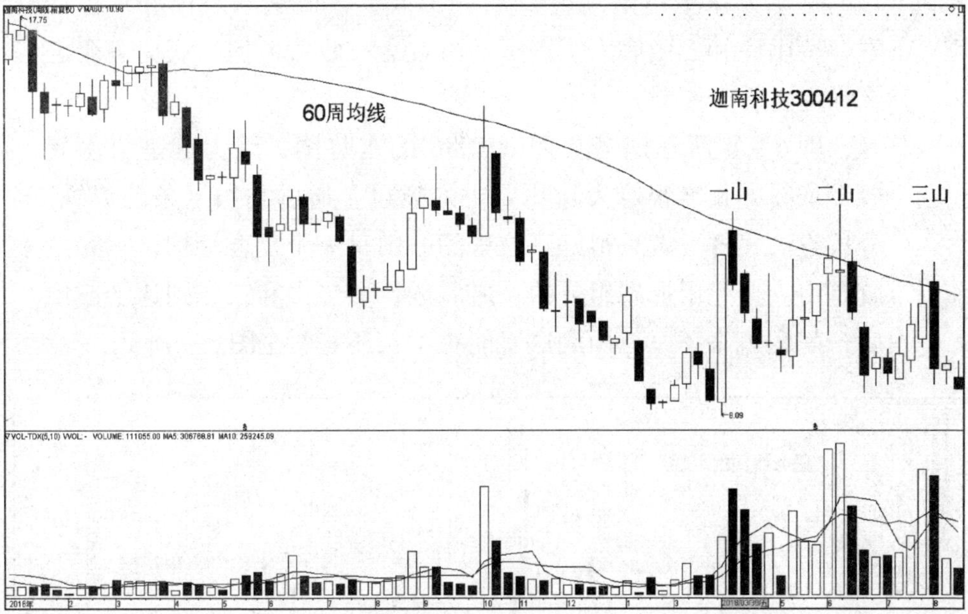
60周均线
迦南科技300412
一山
二山
三山

图6-6-2

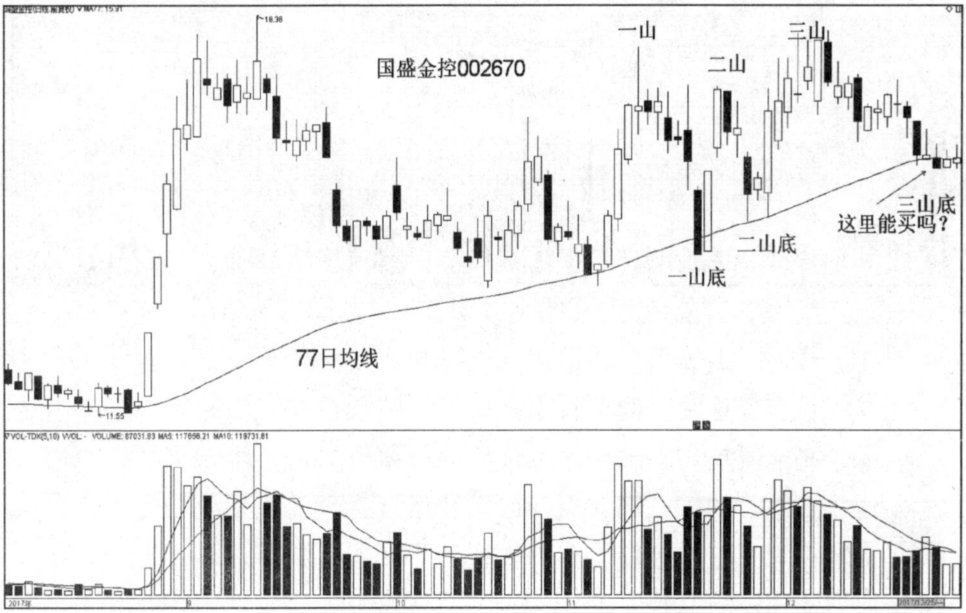
国盛金控002670
一山
二山
三山
77日均线
一山底
二山底
三山底
这里能买吗？

图6-7

目的是让大家更清楚地分辨出一山底、二山底和三山底，你们看，一山底和二山底去买进短期内就会有收益，但三底买进会怎么样呢？看全图就知道了。

图6－8所示国芳集团601086的走势图，因为这是个次新股，均线的长度很难表达我要讲的意思，所以我做了条趋势线，分析方法一样，效果很好。这里的一山是一个复合结构，它完全就是由一个三山形态组成的，之后运行了二山和三山到达了三山底，问题也来了，三山底这里能买不？还是看全图。

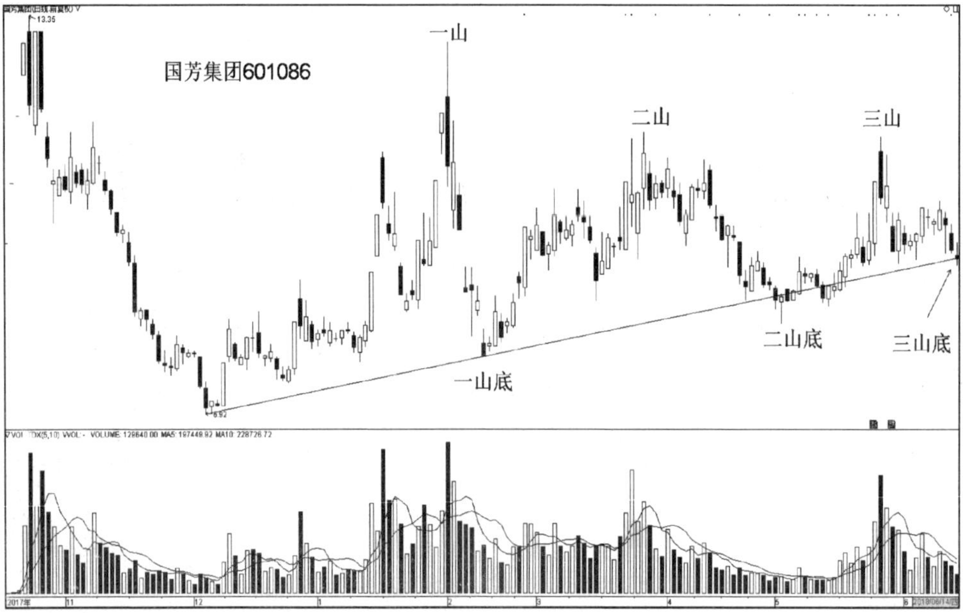

图6－8

从上面这两个例子看出来，它们的股价在三山底不但没有上涨，完全就是几乎没有怎么停留就直接下去了，所以买在三山底还是有风险的，一定要买，也必须设置合理的止损位。为什么说最好不买呢，因为有不多的时候有四山、五山、六山和七山，如果遇到这样的走势买在三山底也可以获利的，当然六山和七山是极限，也是极少的，那是锯齿形调整浪才有的。因此，在三山底的时候一定要有买点确定成立的信号时或者有非常明显的见底信号时再去考虑买进，并且止损措施一定要完备，止损位一定要合理！

再看两只个股，第一个是三利普 002876（交割单见图 1－12），如图 6－8－1 所示，第二个是金石资源 603505（交割单见图 1－17 和图 1－22），如图 6－9 所示，这是两只三山走势比较特殊的个股，且分析意义较大。

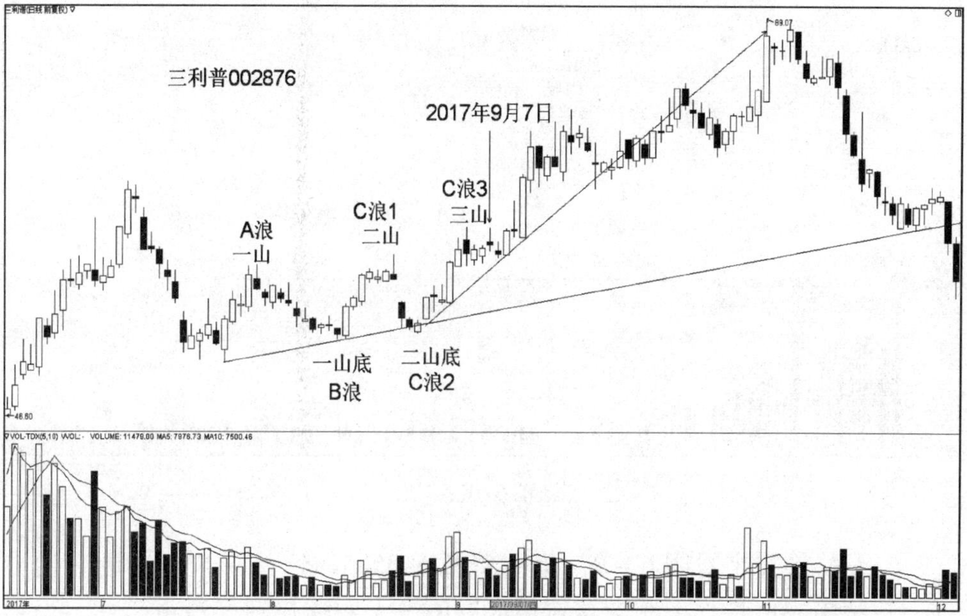

图 6－8－1

2017 年 9 月 7 日买进三利普 002876 时，依据的三山形态非常明显，且当时第三山看起来还要继续涨高，但是午后买进并没有继续上涨而是回调，当时也只是以为是 C 浪 3 暂停（正确的浪形分析见图 6－8－2），但后期的走势却证明他买在了 5－3－2 浪里（精确地说是 5－3－2－B 浪）了，而不是当时判断用三山理论买在 C3 浪过后的一个中途调整结构里，虽然后来确实获利不小，但起始的分析是不准确的，所以我常说，超前性的分析结论错了不要紧，一定要用滞后性来修正。当时严格遵守了买点信号的确定性、个股的持有标准和卖出（包括止损）信号的确定性，因此即使开始浪形结构分析的不对，但收益是一样的，所以我又常说，分析、做错了一个股票不要紧，怕的是你用来分析操作的理论都是错的，而且还不知道如何修正！

图 6－8－2

现在来看图 6－9，金石资源 603505，这是一个标准的三山结构，也是一个非常有意思的三山，大家注意到了没有，在一山有个较小结构的三山形态，而在第二山的底部也有个较小的三山形态，特殊吧？实话说，我也很少见到，但既然这次见到了，那么今后再遇到就会处理了。

从上面讲解的所有例子中，不知道读者能不能体会到在弱势中三山形态的易操作性了。不过话说回来，三山定式虽然收益往往较快，但风险也较大，毕竟是抢反弹的，所以一定要设置好合理的止损。

下面给出三幅图，如图 6－10、图 6－11 和图 6－12（下跌的三山）所示，来研究方框里面的三山形态具有什么样的特殊性，仔细分析，说不定会有意想不到的结果。

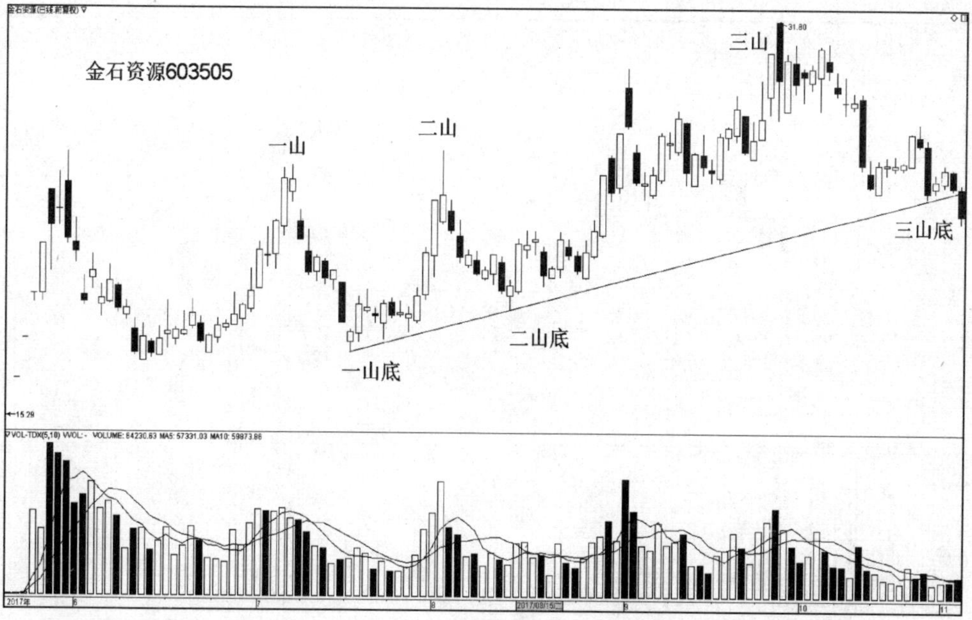
金石资源603505
一山
二山
三山
31.80
一山底
二山底
三山底
15.29

图 6-9

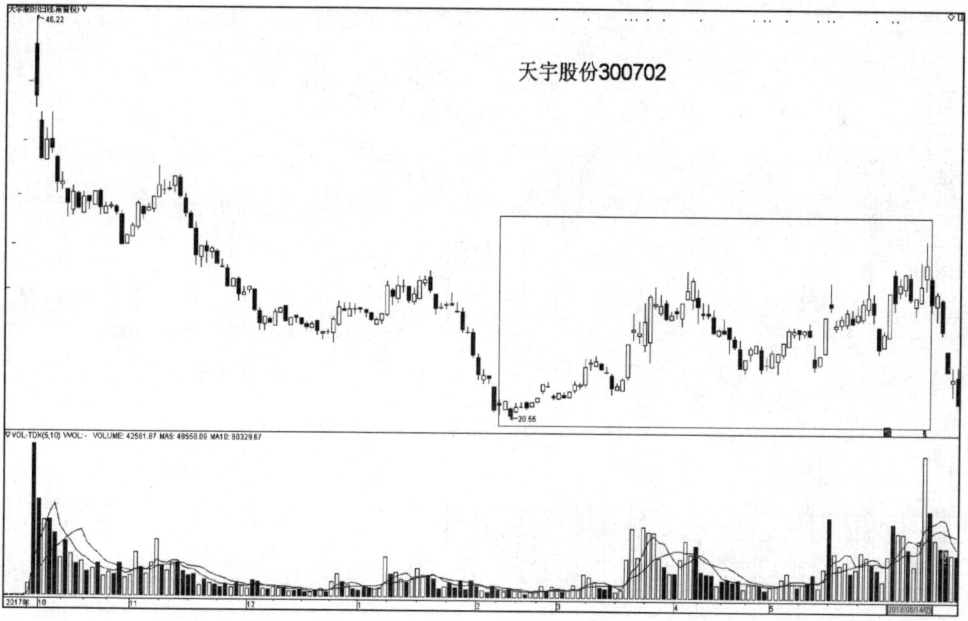
天宇股份300702
46.22
20.55

图 6-10

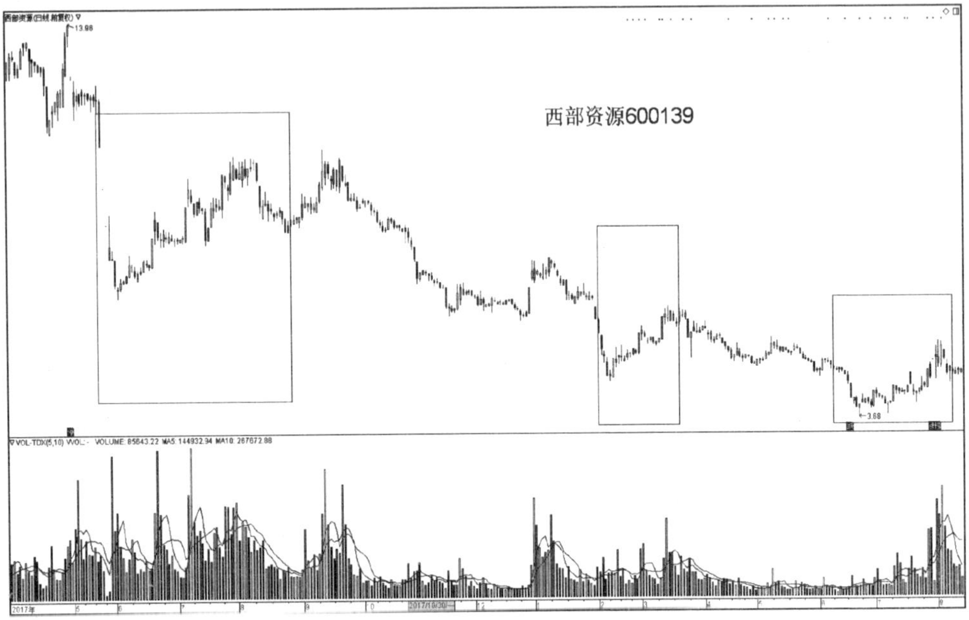

图 6 - 11

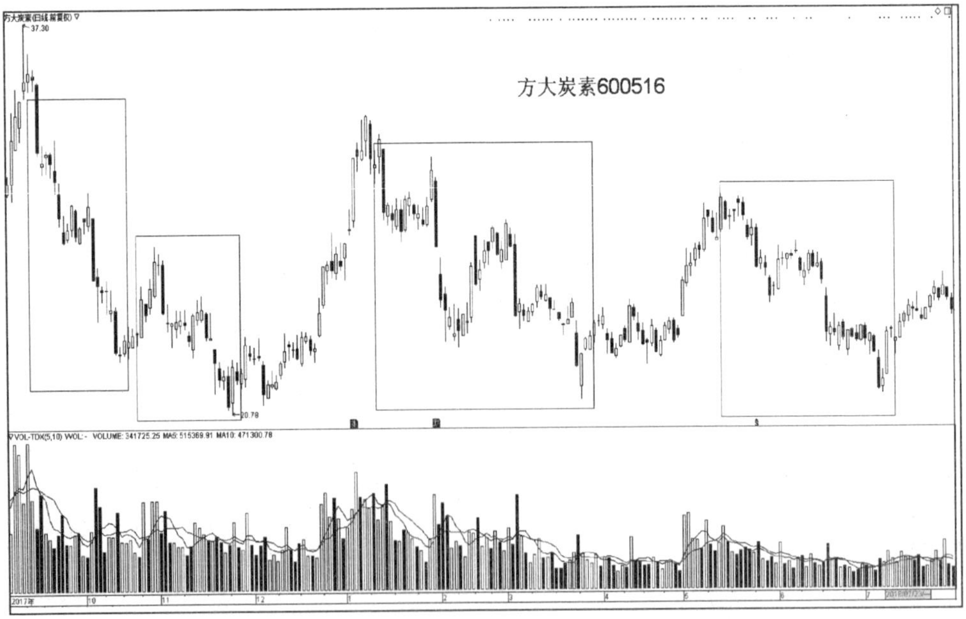

图 6 - 12

问题：三山形态可以埋伏吗？

三山倒挂、二月相连，都是判断买点的好定式，环境不好时，二月相连的成功率就不会高，自然而然地，三山形态就会受到青睐。

第七章

有生于无——无中生有买入法

无中生有的意思就是利用一些特殊的方法来寻找大盘和个股的支撑位和阻力位，做一定的超前性分析，以便对后期的操作起到指导性的作用。

通常像趋势线、均线、黄金分割线、斐波拉契线、江恩角度线等都可以当作无中生有分析法的工具，趋势线和均线自不用说，前面讲过，这章主要讲黄金分割线，最后讲斐波拉契线。

市场中没有莫名其妙的上涨，也没有无缘无故的下跌，凡是用莫名其妙和无缘无故来解释涨跌，都是文过而饰非的做作，找不出理由，看不出原因，不代表没有！而有生于无的分析法，很多时候可以清晰地看清楚支撑和阻力，黄金分割线就是这个分析方法里的最实用的工具之一。

对于次新股，因为时间较短，均线还不够多，可参考的阻力位和支撑位较少，所以使用黄金分割线的频率相对较高，现在先看几只个股的例子。

图 7－1 所示为华森制药 002907 的走势图，从上市第一天的

图 7－1

最低点，往这波沿着5日均线上涨的最高点，即2017年11月17日的30.72元画黄金分割线——这是次新股一种标准的画法，你们就能看见，它先是两次回调38.2%，然后就涨至61.8%的位置，略作停留后直接上涨，最后在完成对161.8%的位置穿越后形成阶段性头部，期间最大涨幅刚好100%。后期的走势虽然没有创新高但也围绕这个黄金分割线的横线运行，奇妙不？其实，当不晓得背后原因的时候你会感觉真是奇妙，而掌握了这个分析方法后就会认为是理所当然了！

图7-2所示为惠威科技002888的走势图，这个黄金分割线的画法也同图7-1一样，采取次新股标准画法。与图7-1个股走势相同的地方在于，它上市后第一波上涨运行完毕后，在进行一次调整后也冲到了161.8%的位置。差异就是，它后期经过几次调整后，不但又冲上了161.8%的位置，而且还冲至200%的位置，可以说早有计划，步步为营！

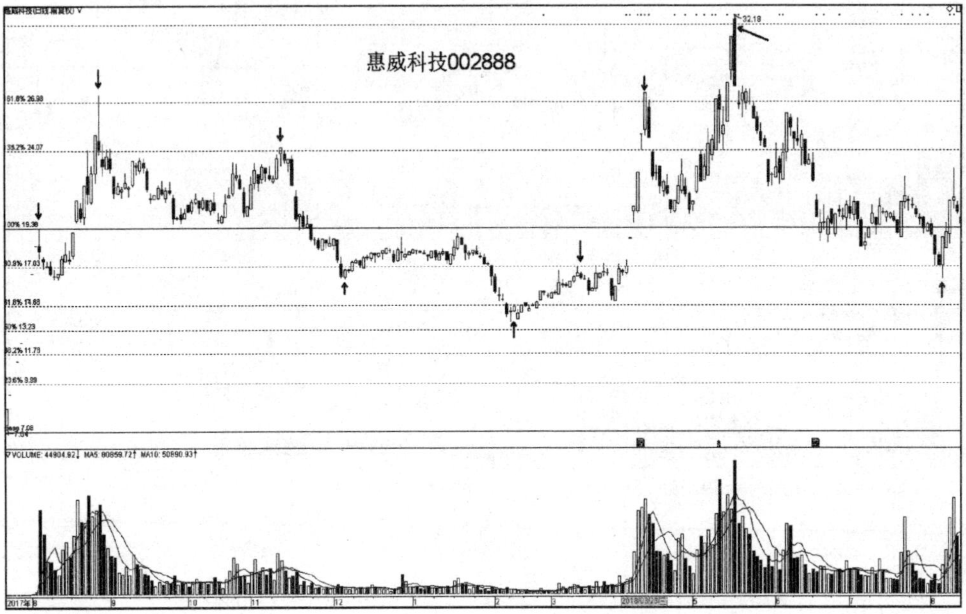

图7-2

或许，我们会问是什么原因让走势这样标准呢？这也许就是一种客观规律吧，如同我开始讲的一剑封喉一样，都是一种客观规律，即使我们对这个问题无法做出完美的回答，也一定要学会运用这种规律，而不是无视！

图 7－3 所示为圣邦股份 300661 的走势图，第一波上涨后两次回调到 38. 2% 的位置，然后步步踩着黄金分割线的横线上涨至 161. 8% 的位置；之后回调至 100% 后又涨至 238. 2%，然后再回调至前高 161. 8%，最后以一波果断地上涨冲过 261. 8% 从而结束上市后的整体上涨结构。在大盘环境较好，而个股又在热点的情况下，261. 8% 的位置往往才视为最终的结构阻力位。

图 7－3

像这样涨过 261. 8% 的位置，通常都是主升浪的结构，也是我们操作个股时希望遇到的。一般来说，61. 8% ＋1 ＋2 ＋3 ＋⋯ ＋n 的结构都是驱动浪的结构，而 38. 2% ＋1 ＋2 ＋3⋯ ＋n 的结构则是调整浪的结构。这个结论在很多时候可以清晰地判断出趋势的方向。

再来看两个从上市后股价就没有创新高的例子，第一个是安达维尔 300719，如图 7－4 所示，虽然上市后第一波涨幅尚可，但后期并没有创新高，期间每一个底和顶几乎都坐落在黄金分割线的横线上，说明它的规律性非常强，而这样的规律性往往会被短线高手利用来进行波段操作。

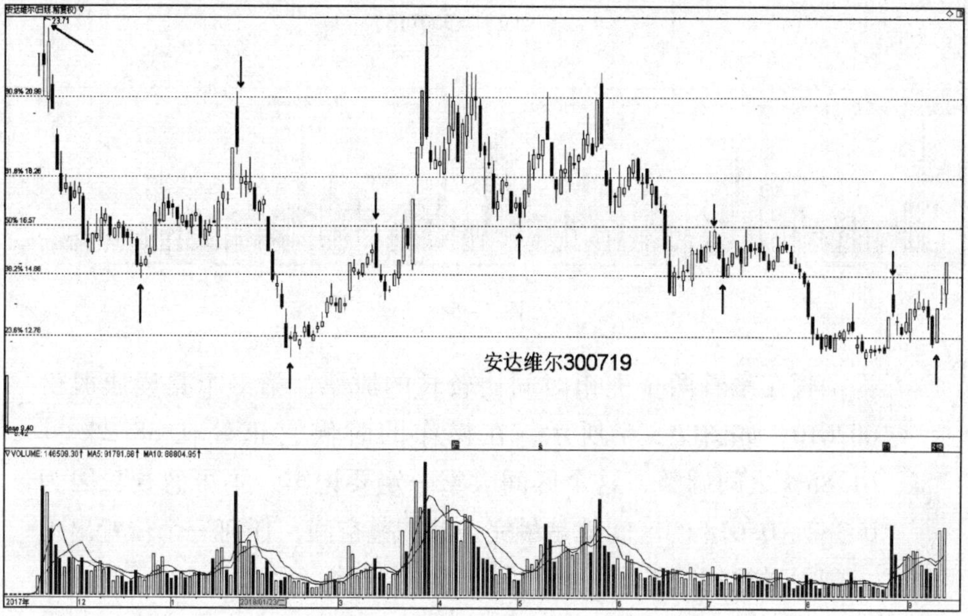

图 7－4

第二个是国立科技 300716，如图 7－5 所示，大结构和安达维尔 300719 相同，细节处也是围绕各条横线涨跌，所以被利用的价值很高，但相对于开始的三个例子中的个股，这两只明显涨幅不行，原因一想便知，无非是大盘环境的不同和是否在热点板块，这些变化和差别在操作中需牢牢记住。

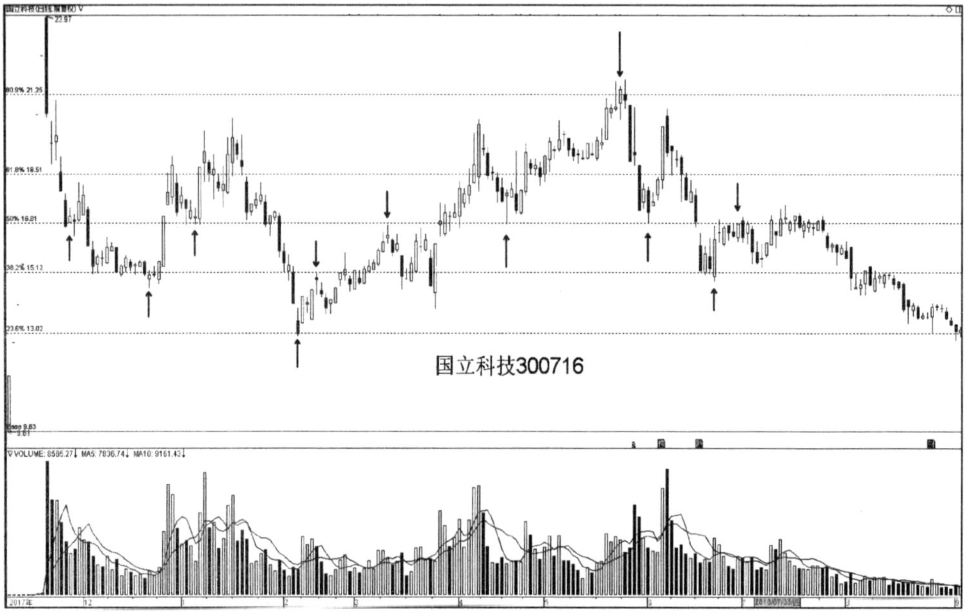

图 7 - 5

现在来看两个上市时间比较长的股票，第一个是爱康股份 002610，如图 7 - 6 所示，在操作的时候它正处在 38.2% ~ 61.85% 之间调整，这个区间大家一定要记牢，不可忽视！因为 0.382 ~ 0.618 的区间就是最完美的调整空间，任何一个位置出现一剑封喉往往就是新一波上涨趋势的开始，而 4 月 22 日的一剑封喉决定了它的涨势，第一波完美地触及 161.8% 的位置，二次的高点则在穿越 200% 的位置产生。

第二个是顺鑫农业 000860，如图 7 - 7 所示，这是 2018 年做得非常成功的个股之一，介入的时候它刚刚从 50% 的地方（处于刚刚说的 0.382 ~ 0.618 的区间）一剑封喉，那是一二浪完成的标志，之后的三浪和五浪很果断地把价格推过了 261.8%。

这两只股票走势极其标准，通常在买进之时就已经把所有的阻力位和支撑位都测算出来了，且步步紧盯，而不是茫然不知，买卖随心。

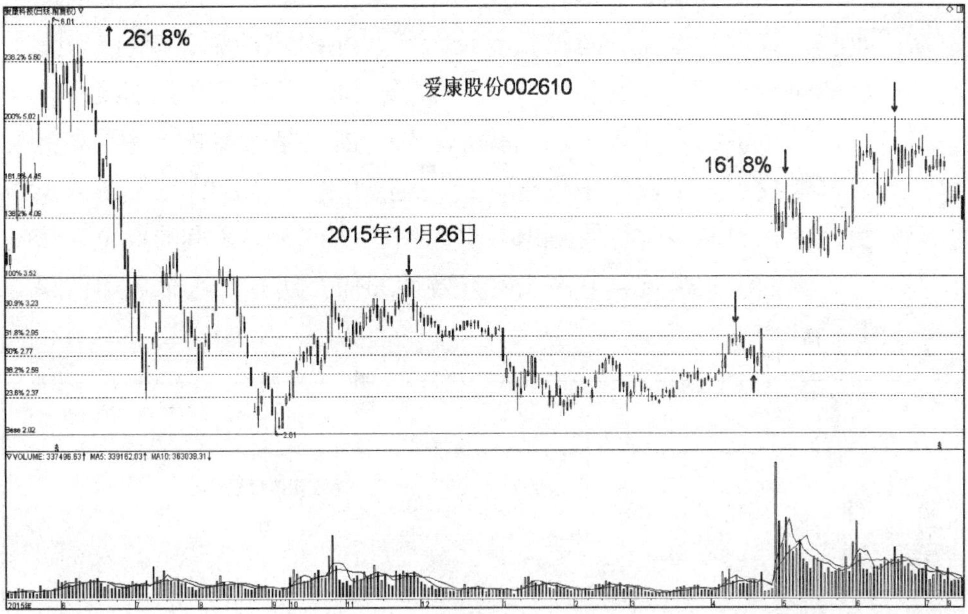
261.8%
爱康股份002610
161.8%
2015年11月26日

图7－6

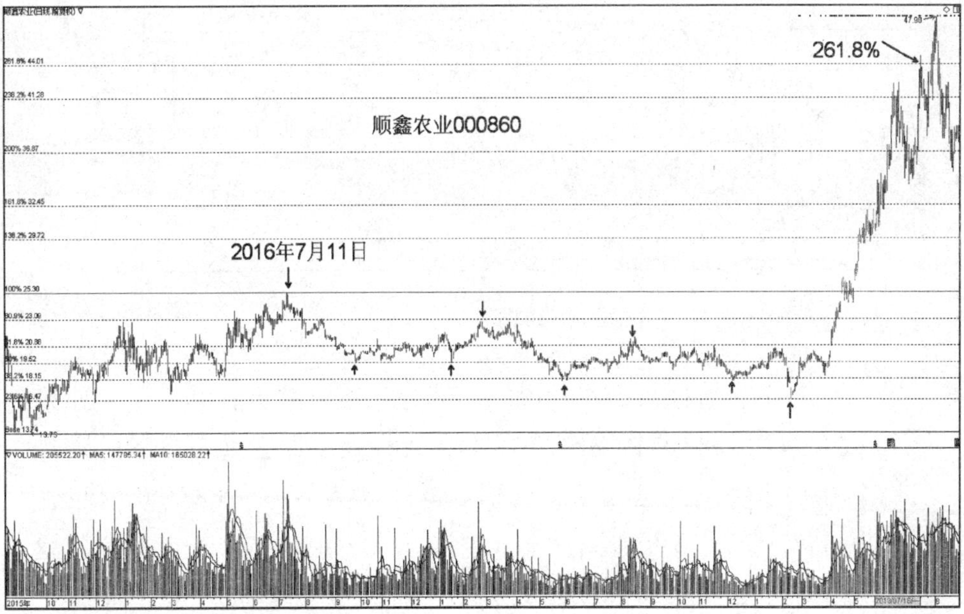
261.8%
顺鑫农业000860
2016年7月11日

图7－7

现在来看上证指数，如图7－8所示。这是一个较长时间的走势，我们知道，时间越长验证分析结果对错的偏差就会越小。从2638点往2018年1月29日的高点3587点做黄金分割线，在这段三年多的走势里，所有的(注意，这里是所有的)重要高低点都能找到一条横线来依偎，特别是5178点之后的几个高低点更是明显，而最主要的是261.8%的位置有个5178点的点位在依偎，你们说这个黄金分割线的有效性如何？还有，这个规律值得我们利用吗？

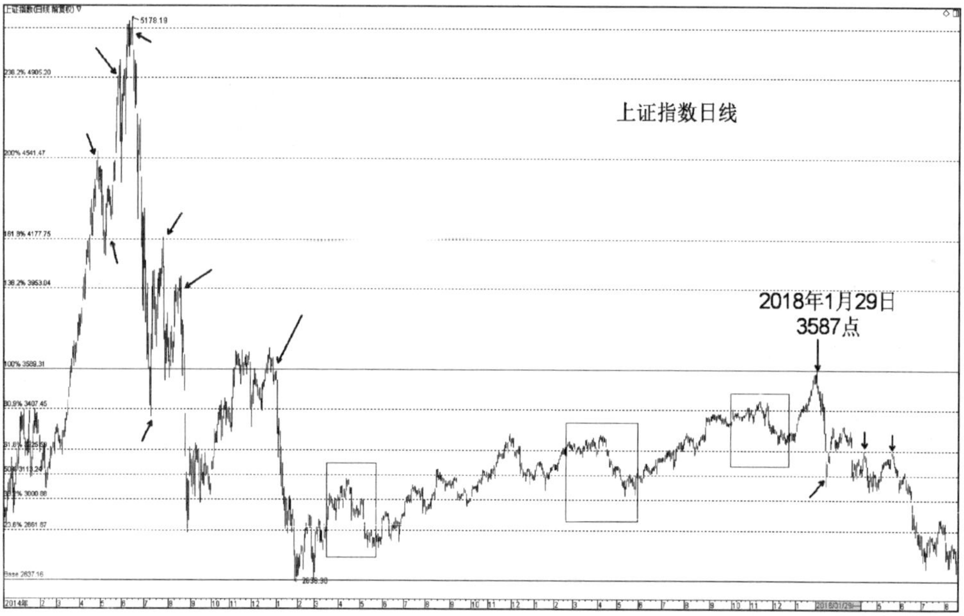

图7－8

这个有效性只是我想说的一部分，还有两点：其一是，如果2638点至3587点的黄金分割线这么有效，那么这个空间的走势就是一个完整的结构了，级别等同于5178点至2638点。那么，从3587点至2638点画黄金分割线，往下画，那这条黄金分割线理论上也是有效的，看到了什么？从2638点至3587点之间有三个喇叭口的顶部形态，现在我们来看一下它们的空间走势符合预期不，能否给我们提供一个大盘后期走势可能性的方向？这三个喇叭口我用框框画出来了。

图 7－9(1)所示为第一个喇叭口，从 3097 点往 2016 年 4 月 20 日的最低点 2905 点画黄金分割线——这是用喇叭口内最大的下行空间来测算今后可能的下跌幅度(后面两幅图同理)，后期三次回调到 2780 点附近，也就是 161.8% 附近又再次上行，当然这里还有 3 年均线，它们一起作用，让上证指数不再下探而是选择上涨。

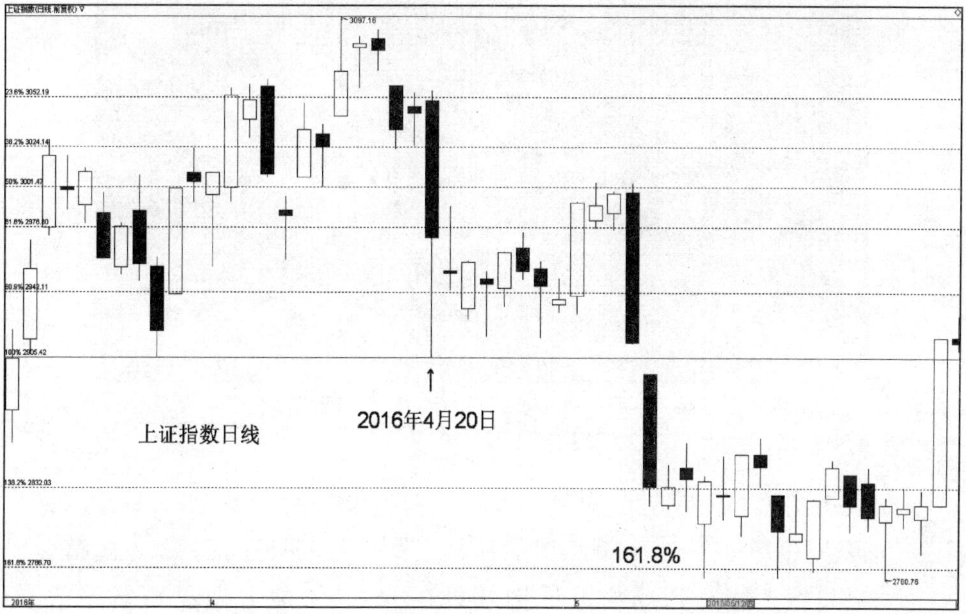

图 7－9(1)

大家注意，这里是 61.8% 的比例关系，而且这个 2780 点在后期显示了重要的作用，2018 年 7 月开始的 3 个级别的 4 浪反弹结构都围绕这个点位进行的！超前性的分析详见图 7－9(6)。

或许有人或说这是事后才能确定的事，说得对，滞后性才能验证超前性分析的对错，但超前性的分析是必须的，没有超前性的测算你怎么去买卖呢？难道真是随机漫步吗？实际上，任何一个合格的操作者都应该做到这一步，即做出超前性的分析！下面有附图，不信的人可以看看，这是我在这个点位还没有出现之前，在 BTV 财经频道做的预判，当时是读者截图给我的，不是很清晰，但内容应该能看得明白，见图 7－9(2)。遗憾的是，后期的几个点位我虽然都是提前做过超前性的分析，但都没有注意保存。

图 7－9(2)

图 7－9(3) 所示为第二个喇叭口，发生在 2017 年 3 月，从最高点 3295 点往这个喇叭口的最低点即 3 月 13 日的 3193 点画黄金分割线，能看到这次上证指数只在 161.8% 位置做过短暂停留，这波调整的终极目标位是在 261.8% 的位置，指数两次穿越后再次下行，形成了最低点 3016 点。

又是 61.8% 的关系，往下调整的空间比例关系 61.8% 似乎在暗示什么。大家也要注意这个 3016 点在后期的作用，2018 年 6 月 19 日的半月形态就是从这里跳空往下的！

图 7－9(4) 所示为这波上涨过程中最后一个喇叭口了，从 2017 年 11 月 14 日的最高点 3450 点往喇叭口的最低点 3337 点画黄金分割线，上证指数三次穿越 161.8% 的位置后往上完成了阶段性最后的上涨，至 3587 点止，这次产生了低点 3254 点对后期

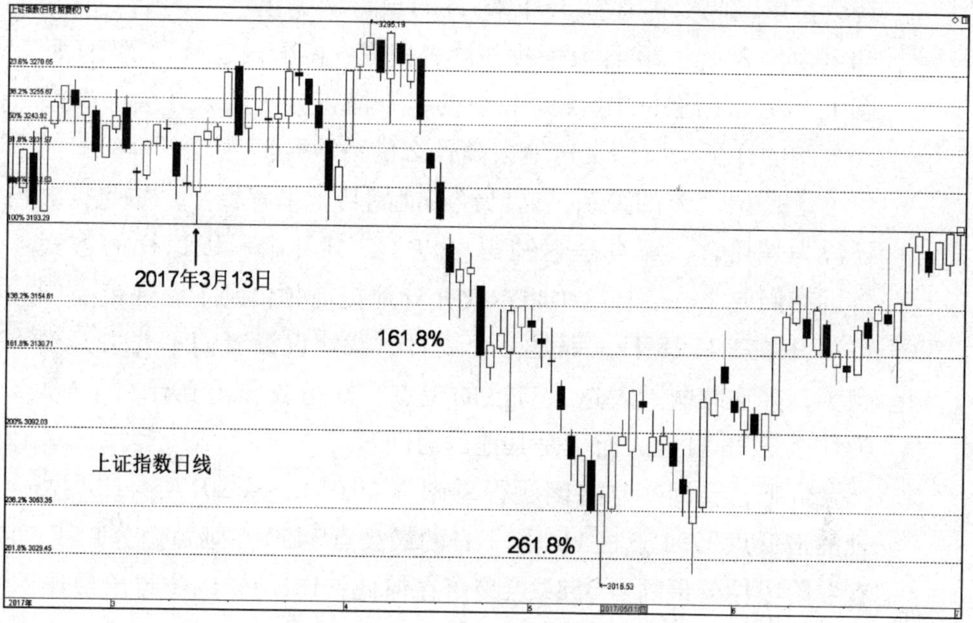
3295.19
23.6% 3270.65
38.2% 3255.87
50% 3243.92
100% 3193.29
2017年3月13日
138.2% 3154.61
161.8%
161.8% 3130.71
200% 3092.03
上证指数日线
238.2% 3053.35
261.8% 3029.45
261.8%
3018.53

图7-9(3)

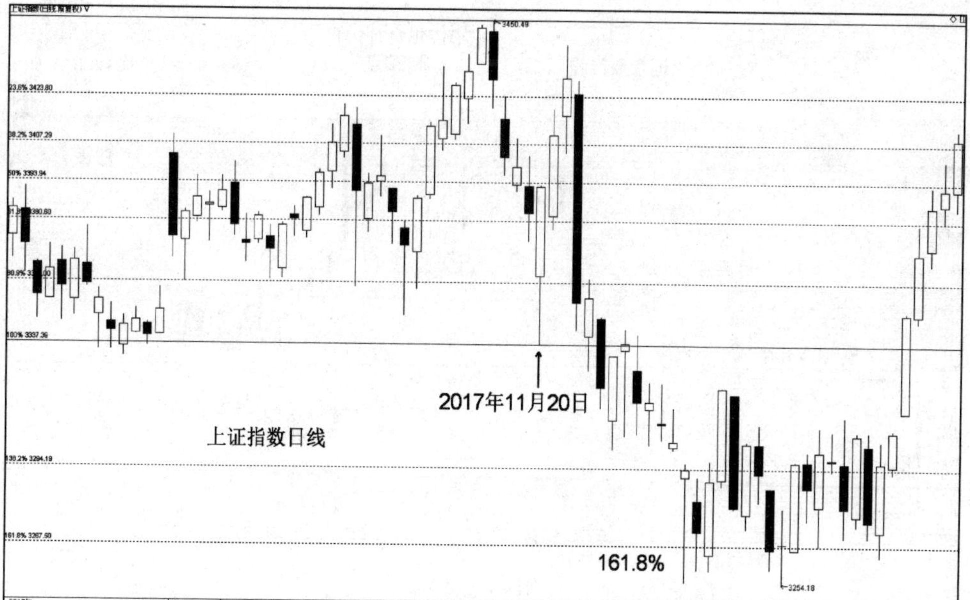
3450.49
23.6% 3423.80
38.2% 3407.29
50% 3393.94
100% 3337.39
2017年11月20日
上证指数日线
138.2% 3294.19
161.8% 3267.50
161.8%
3254.18

图7-9(4)

还会有影响吗？去看看 3 月 23 日的缺口从哪里产生的吧！现在知道为什么 3 月 20 日上午我和读者们说，两天内要减仓了吧（见图 1－9）。超前性的预测是必须的，不懂得分析的人才会一副高深莫测的样子，装憨卖楞地去搞什么佛系炒股！

还是 61.8% 的关系，这已经不能用巧合来解释了，如此三次还以为是巧合，那真是迟钝得可以了，某种暗示以这样的方式告诉我们要小心了！这个暗示我充分地提前领悟到了，那就是图 1－4 中在 1 月 28 日，那是一个周日，我建议读者们不要去开新仓了，并连续两天表达了自己的观点。知道我领悟到什么了吗？为什么是 28 日这天而不是其他的时间？

好吧，要回答这些问题得看图 7－9（5），从 2017 年 12 月 6 日的最低点 3254 点往 11 月 14 日的最高点 3450 点画黄金分割线，看看阶段性的最高点 3587 点坐落在何处？161.8% 的位置出现连

图 7－9（5）

续四天带上影线的滞涨 K 线（有的书上给这种形态命名为“三星”），这哪里还是暗示呀，简直就是拉着你的手明明白白地告诉你：我涨不动了！

图 7－9(6)是我给读者们三幅图里的第二幅，另外两幅是指出一些人错误的分析方法的，所以不说了。那是 2018 年 9 月 15 日，周六，如图 7－9(7)所示，你们看看这里的超前性分析是否完美地预测了下一周的上涨，而这个滞后性的上涨创下了两年来最大的周涨幅。再一次捕捉到了最低点 2644 点这个区域，实乃不是运气！

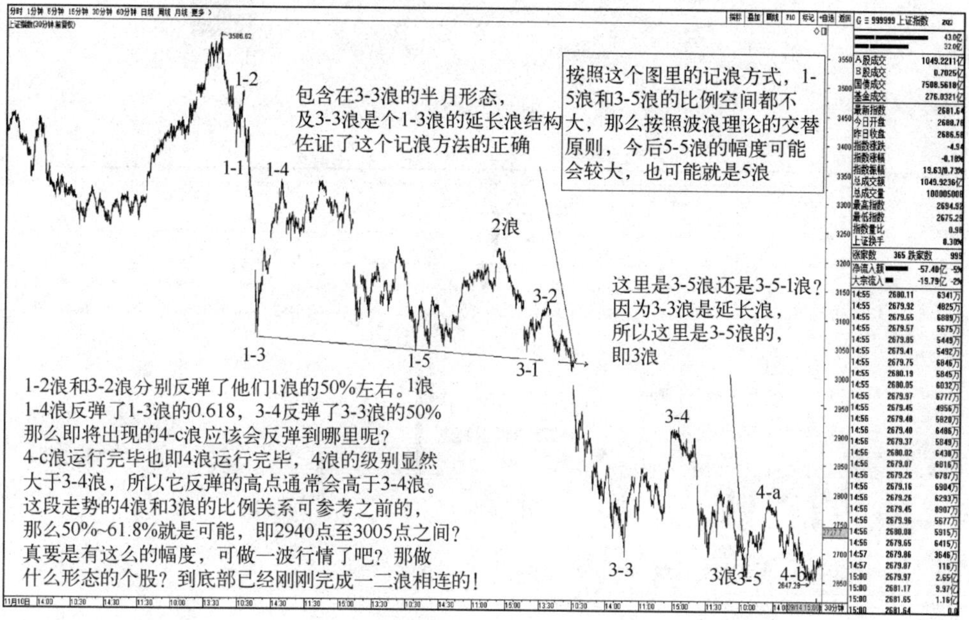

图 7－9(6)

下面用两幅图来解释 3587 点过后各个高低点的合理性。图 7－10中，从最高点 3587 点往 2018 年 2 月 2 日的最低点 3388 点画黄金分割线，3062 点在 2 月 9 日穿越 261.8% 的横线后产生，也就是这天我建议读者们可以开新仓了，现在你们还会有人以为当时我是瞎蒙的吗？

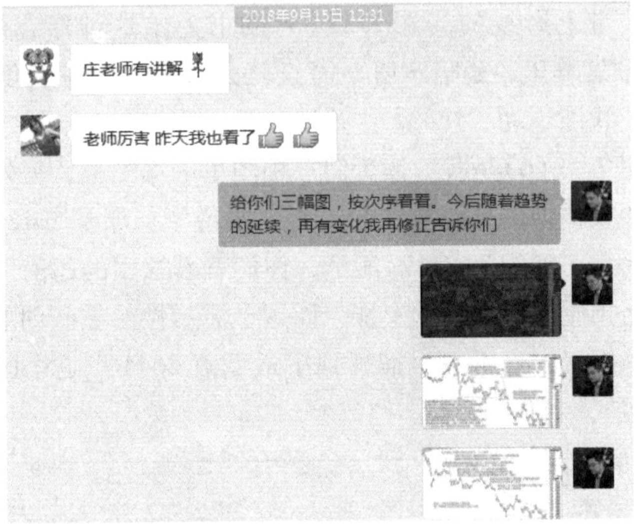

图7-9(7)

图7-10

3月20日我和读者们说，我要在两天内减仓出来，理由为何？第三次回抽138.2%的位置呀。

这里有个现象，解释下，161.8%的横线只在前期的2017年12月产生过作用，同时产生作用的还有138.2%横线，在后期161.8%横线并没有明显地起到作用。问，什么时候它才会起作用呢？答，不知。但，以后一定会！

图7－11所示为从最高点的3587点往2月9日的最低点3062点画的黄金分割线，在100%的地方出现了从3587点下来后第一个较大的半月形态（回想一下关于图7－9－3的说明），这个半月形态一直到161.8%的横线处暂停，最低点是2691点，时间是2018年7月6日。对于这幅图所画的黄金分割线的后期可能性走势，我希望大家能把以前所有的关于上证指数的研判结合起来，且务必结合图7－13来研判。若能做到，心就不慌！

图7－11

对于这个点位我是否也预测到了呢？答案不言而喻，看图7－12(1)吧。当时我买了几只个股，有读者问我是什么点位买的，我说是7月6日上证指数2691点那天买的。现在，你们应该会好好地、认真地学习无中生有买入法了吧！黄金分割线给我们揭示了自然界的一个规律，你们得学会它，掌握它，利用它，不求战胜对手，但求战胜市场！

对于2691点这个位置，当时有个非常让人振奋的消息，见图7-12(2)。

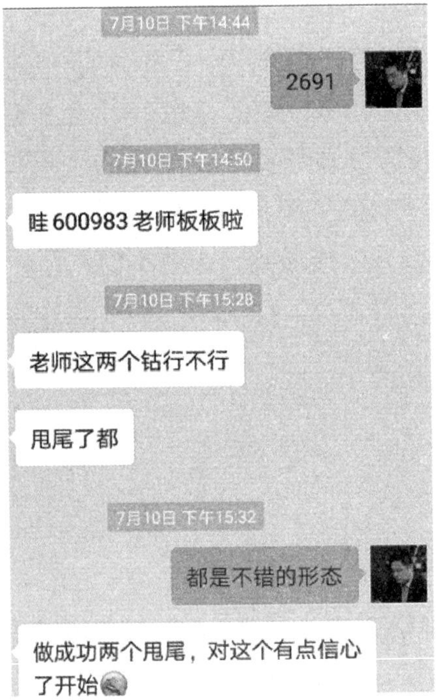

图7-12(1)

图7-12(2)

黄金分割线，上下画为空间，左右画为时间，这两个概念都体现在波浪理论里。现在给你们拓展下思路，希望你们能把眼光放长远点，见图7-13。这幅图是《中国股市的走势及测算——黄金分割线的运用》一书中图8-8的延续，在这本书2013年初第一版面世3年后，这个斐波那契线再次固执地发出了清晰的信号，2638点应线而生，难道你们还不能顿悟点什么吗？

作业：用图7-13里的方法，用上证指数里不同的重要高低点作为起始点来测算下，看对现在的大盘所处的位置是否具有指导意义！

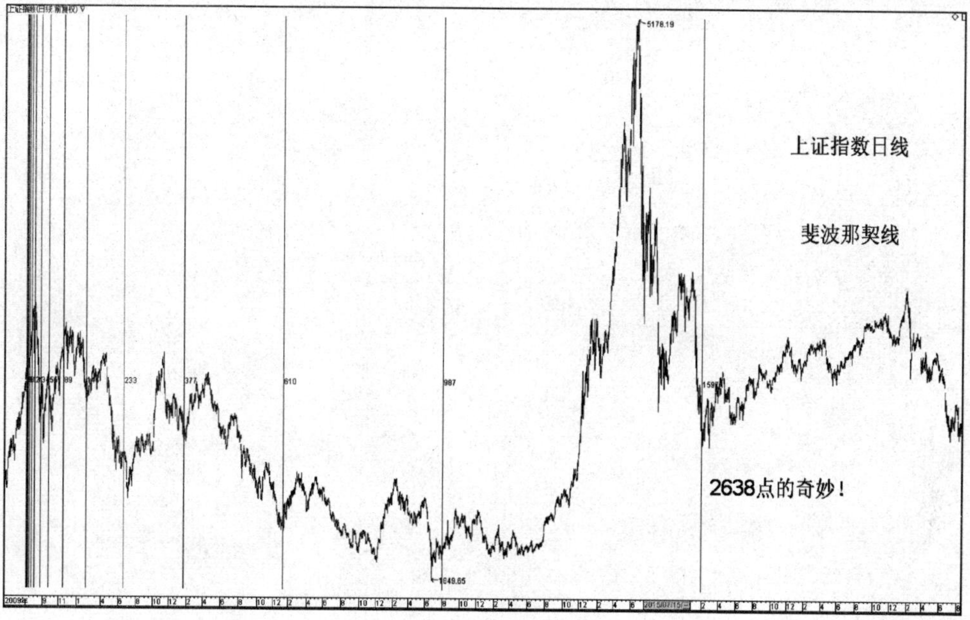

图 7－13

第八章

高山流水——上下翻飞买入法

三头半形态是个综合体，什么意思呢？就是说具有这种定式的形态很多时候又可以用其他买进定式来分析。

在操作中，在每一个买点的确定信号出现时，你可能会用不同的买进定式得出相同的结论，这是正常的现象，遇到一个买点确定成立的信号时，用越多的买进定式都能得到这个结论，那么这个买点确定成立的信号的准确率就越高！

在大盘不同的环境下，各种买进定式的准确率也不会相同，这一点，读者们感受颇深，见图 8－1(1)，这主要是由于热点板块的轮动频率、范围和时间引起的。所以，在分析大盘环境时，也需要考虑大盘现阶段是什么定式，比如图 2－16 里分析的就是大盘群过的定式结构，能做到这点，基本上超前性的分析能力就较强了。

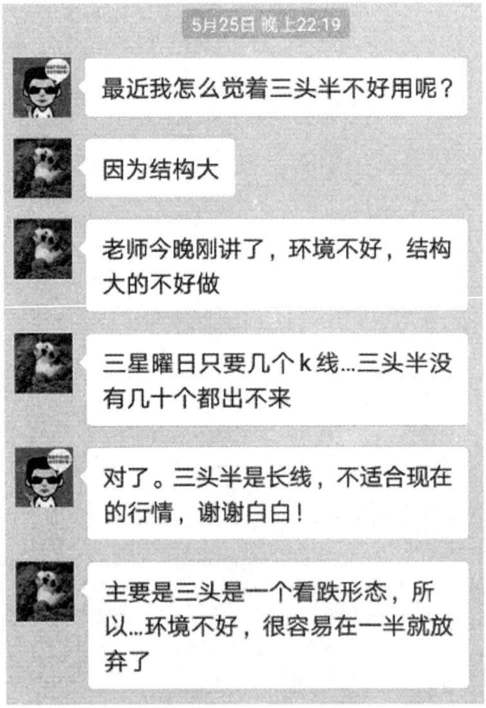

图 8－1(1)

三头半只能算是群过的一种具体形态，并且三头往往是一种看跌形态，所以这个“半”的走势就显得极度重要。在实际操作中我发现，这个“半”的调整幅度，如能在不跌破前期的上涨幅度的0.618后再产生一剑封喉等看涨信号是较好把握的，而且后期的涨幅往往也较为客观，见图8－1(2)。

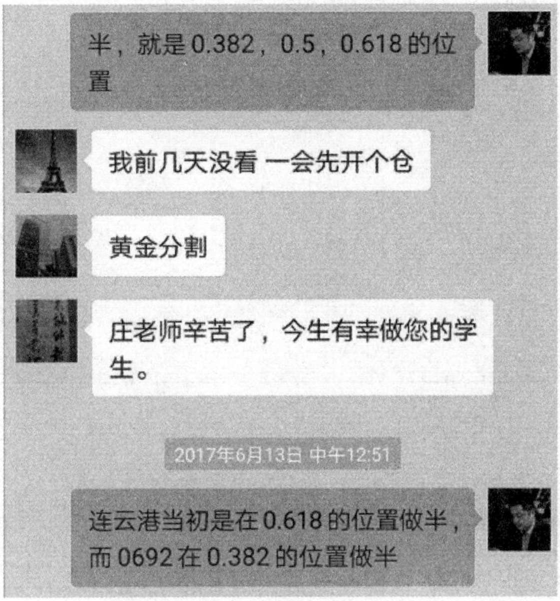

图8－1(2)

上证指数在2014年2月至11月里的两个时间段分别出现了两个三头半的形态，造成了大面积的个股都走成了三头半形态，如图8－2所示。如果你们懂波浪理论，那就能理解为什么后期上证指数涨了那么高，因为这两个三头半的形态都是出现在二浪里，只是所处的浪形结构不同而已！后面有个例子，是万科A的，到时候你们注意。

在大盘环境较好的情形下，在大盘三头半形态的第三个头形成的时候，很多牛股就已经开始纷纷上涨了，就如同大盘在走甩尾形态时，在甩尾成功的前一个横盘调整结构（或者说反弹走

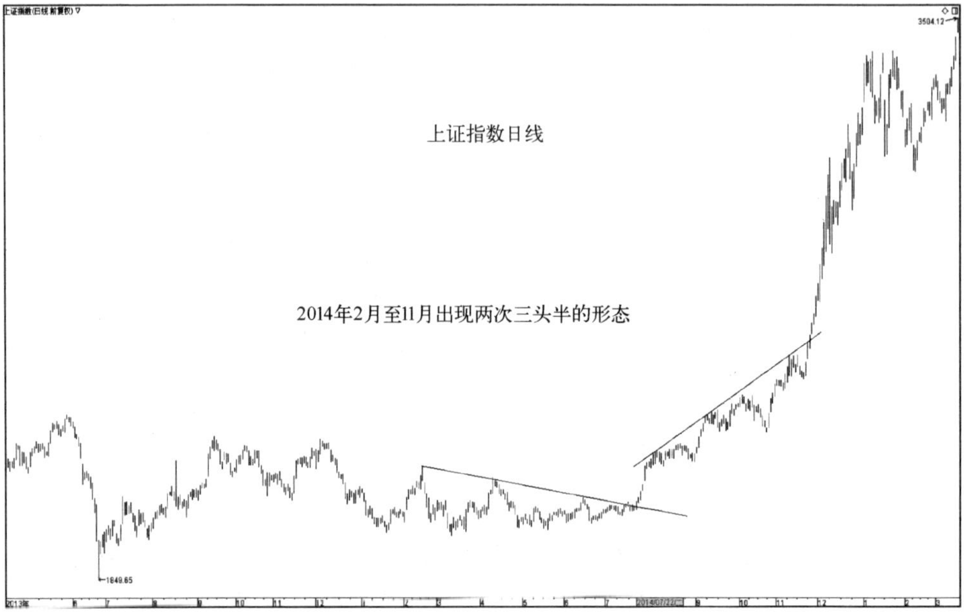

图 8－2

势)时，牛股就已经开始上涨了。所以，牛股呀，有时候只是需要大盘的一根阳线而已！这一点，大家可以再回头看看前面我们分析的强势股，比对一下它们的启动点和大盘这一日的 K 线关系，再深入研究下当时的大盘环境。

现在我们来看看 2014 年这段时间一些牛股的三头半走势，图 8－3 所示为中国石油 601857 在 2014 年下半年的一段走势图，图中所标注的三个局部的头都是在冲击 650 日均线失败的情形下形成的，所以对于这种定式，在“半”出现后，没有形成上涨的趋势前通常是不会参与的，要安心静气地等待一剑封喉形态的出现才去考虑介入。如果股价在过前期三头共同阻力位时还没有出现一剑封喉状态，谨慎的人会继续等，而激进的人就会参考三星曜日形态埋伏的方式，设止损于 5 日均线提前参与，两种操作无所谓对错，思考的角度和风险的承受程度不同而已！

这个三头半形态形成于某一个结构的 2 浪里。

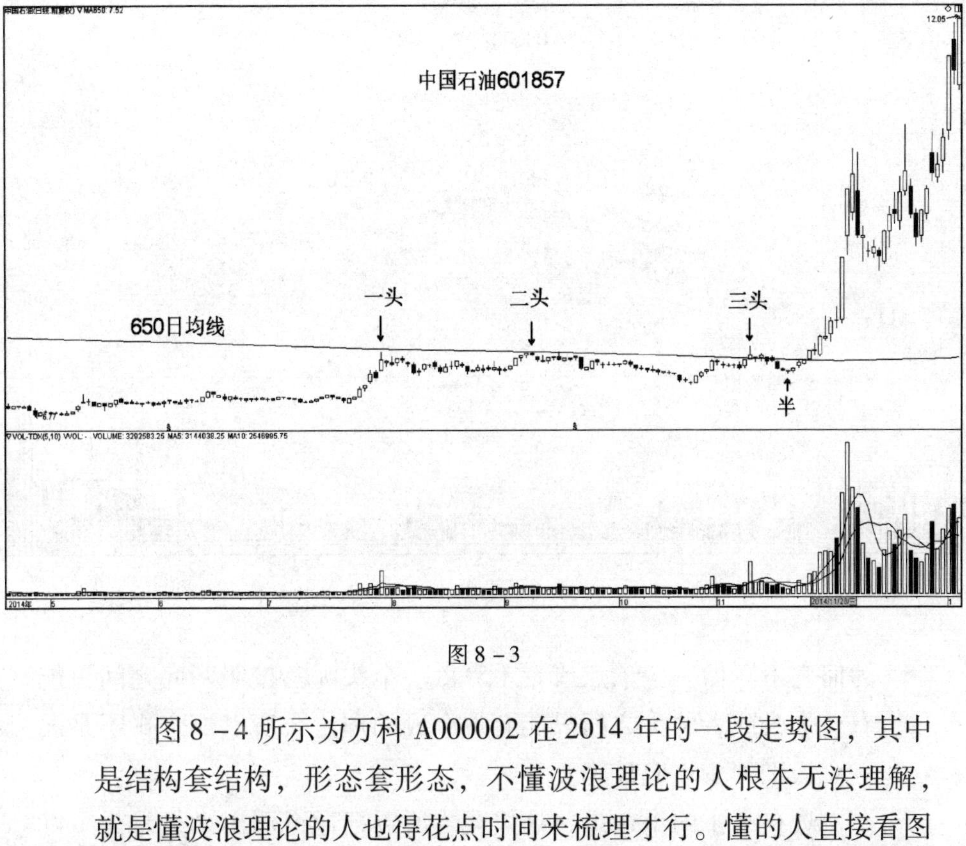

图 8 -3

图 8 -4 所示为万科 A000002 在 2014 年的一段走势图，其中是结构套结构，形态套形态，不懂波浪理论的人根本无法理解，就是懂波浪理论的人也得花点时间来梳理才行。懂的人直接看图中波浪结构的标注去理解我的意思，不懂的人就单单看数字就行，不用理会它所表达的波浪理论里结构方面的意思。我现在就当你们全部不懂波浪理论来讲解，如果有波浪理论的知识可忽略。

1 点、2 - b 点、3 - 1 点分别是 1 头、2 头、3 头，和它们之间的两个底 2 - a 和 2 - c 组成一个往上的通道，三头形态不再是往下或者走平的，所以角度不是形成三头半的必然条件。之后的 3 -1 点、3 - 2 - b 点和 3 - 3 - 1 点又形成了角度往下的三头形态，它们之间的两个底分别是 3 - 2 - a 点和 3 - 2 - c 点，注意看在 3 - 2 - b 点和 3 - 2 - c 点之间好像有个高点也触及了上边线，

图 8－4

为何它不算做一个顶点或者不算做一个头呢？按照两底之间只能有一个头或者两头之间只能有一个底的理论，所以那个头不是同一个级别的，不应计算。

现在有了两个通道，这里我之所以把通道画出来只是为了好讲述，大家想过没有，第一个三头半形态的“半”在哪里？估计大多数的人不明白，明白的都是懂波浪理论的人，说得对，第二个通道就是“半”！而且整个“半”的最低点在 3－2－c 点，正好回抽了第三头高度的 0.618 倍，而且这个“半”本身也是三头半形态，它的最低点也在 3－2－c 点，但它的“半”却是 3－3－2 点，这个“半”回抽了 3－3－1 浪的 70% 左右，所以这个三头半形态也是完全成立的。

是不是很难理解？如果你们从波浪理论的浪级来理解就很轻松了，第一个通道实际就是第二定式（顺势调整浪）和 3－1 浪的组合，而第二通道就是 3－2 浪的三个结构浪、3－3－1 浪和

3-3-2 浪的组合，所以第二个通道级别上小第一个通道一级，查看全图，只有这样的标注才能解释为什么万科 A 后期涨幅那么大。

一个顺势浪之后再在一个次一级的 2 浪位置出现三头半形态，你们说今后的涨幅能小吗？

按照上面的讲述大家应该知道了，第二个次一级的三头半形态实际是第一个三头半形态的“半”，那么当第二个三头半形态完成之后出现一剑封喉的时候，也就是第一个三头半买点信号确定成立的时候。这一天发生在 11 月 24 日。对于这种变化，你们可以换成第三头是复合三重头，第三底是复合三重底来理解，它们的买点或者卖点是重合的。

这个例子的走势是不是和图 8-2 里的上证指数那一段有异曲同工之妙呢？现在继续来看两个例子，第一个是京能置业 600791，如图 8-5 所示。这个图比万科 A 是不是更复杂？会波浪理论的人高兴了，可以尽情地去数这个驱动浪的结构了。

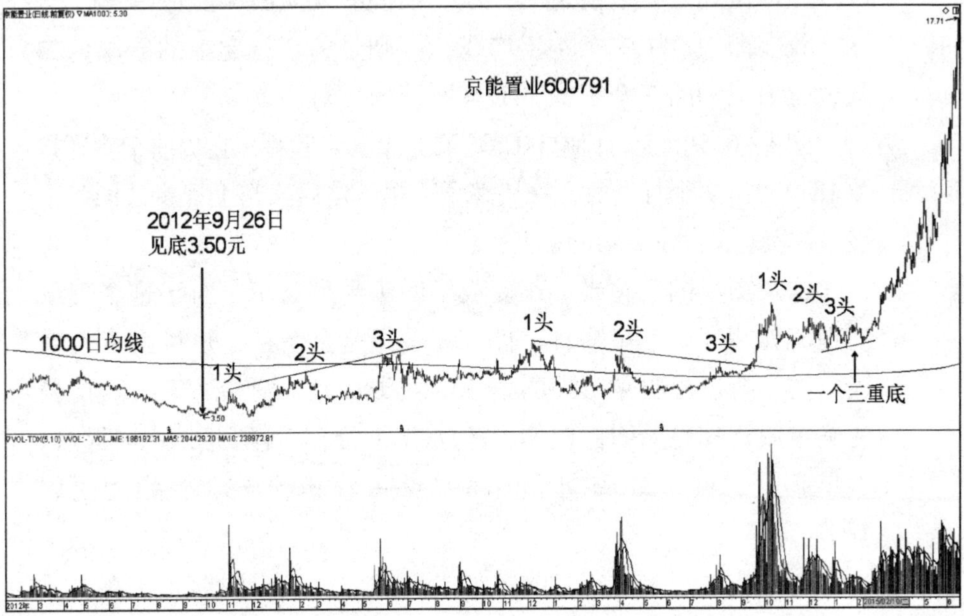

图 8-5

不知道你们注意到了没有，它见底可是在 2012 年 9 月 26 日，我们知道上证指数 1949 点可是在 2012 年 12 月初，而最低点 1849 点更是在 2013 年 6 月，它比大盘整整提前 9 个月见底！而这 9 个月它就干了一件事，做了第一个三头的形态，等大盘见底上涨时它却去运行自己的“半”了。第二个三头半的开始时间也早于大盘的第一个三头半时间，但结束较晚，这个没有什么好讲的了，看最后一个三头半形态，注意看这里就包含一个三重底，前面我强调过的，它之后形成的买点信号，往往也是三头半确定成立的买点信号。

作业：找出这三个三头半形态里不是在一个二浪级别的形态。

从图 8 -4 和图 8 -5 里的讲解，不知道你们明白了没有，三头半和很多定式一样，所包含的范围往往都是跨级别的结构，而绝对不是同一个级别的一个结构，有时候甚至会跨越三级，从这一点来说，还是懂一点波浪理论的好，要求不高，最笨的人我也可以让你做到三年数清楚三分浪，最懒的人无法保证！

我在图中放了一条 4 年均线，一则是为了视觉上的舒服，二则也是为了判断三个三头半形态所处的相对位置。

图 8 -6 中的上海机电 600835 真是个大牛股呀！它提前于上证指数 1849 点近 2 个月见底，一气涨了 4 倍，之后又与上证指数同步上涨，这次它又涨了 2 倍的幅度！

这个图里的三头半形态变成了四头半形态了，对于这个现象的理解如同理解三星曜日一样，三星只是个泛指，也可能走七星极限的，所以三头半形态的里说的三头也是个泛指，但买点信号的确定成立却是明明白白的，2016 年 1 月 23 日那天，一剑封喉、三星曜日、群过皆成立了，那就意味着新的一波上涨就此展开了。

图中我放了条半年均线，如果不考虑三头半的形态，那么从 1 头之前开始，一个甩尾加上一连串的二郎担山意味着什么你们

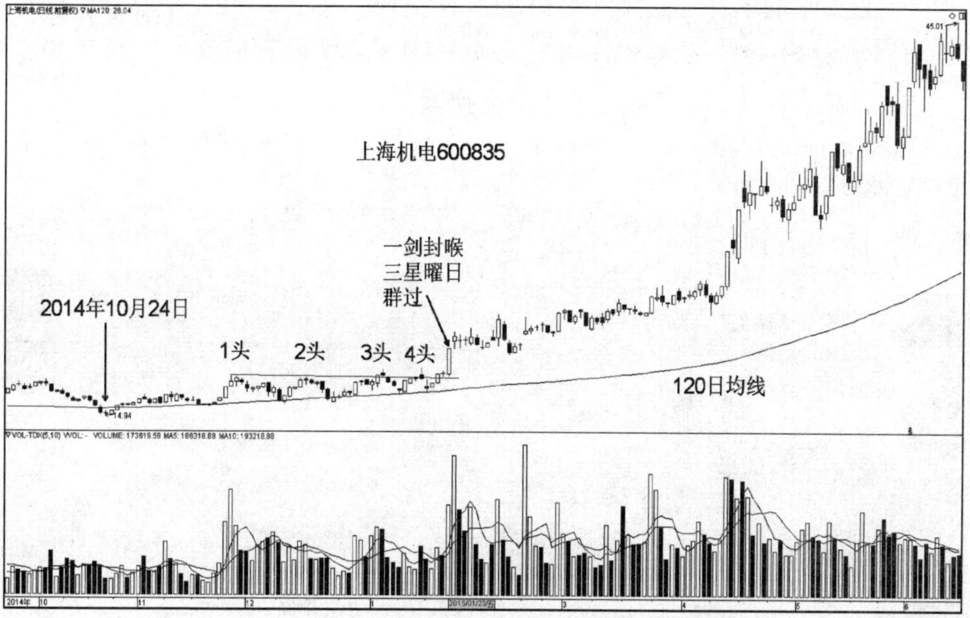

图 8 -6

也能分析出来吧？甩尾和二郎担山大多数的情况下都是交错出现的！

这里，上有三头半，下有二月相连，即使在买点信号没有确定的情况下，也得买它 1000 股放在账户里时时跟踪。买与不买，有和没有底仓，跟踪的力度不会一样的！

刚才讲了几只个股和大盘同步情况下的走势，也简单说了处在 2 浪里面的三头半形态的好处，平时很多人说的“横多久竖多高”，讲的就是 2 浪横盘及横盘之后的可能走势，但如果处在 4 浪或者反弹浪里，你竖多高我看看，很多个股可能跌你一脸的难以置信，信不？

现在我就把这三种不同位置的三头半形态各用几个例子来说明，它们都是 2018 年的个股，和大盘不同步。先看三头半形态处在反弹浪里的个股，如图 8 -1 -2 的连云港 601008 就属于此类，因为 2018 年大盘环境不理想，所以这类出现在反弹结构里三头半的形态远远多于另外的两种情况。那么，当大盘环境好的时候哪一种三头半形态会较多呢？图 8-7(1) 和图 8-7(2) 里说的光线传媒 300251 处在一个反弹浪里。

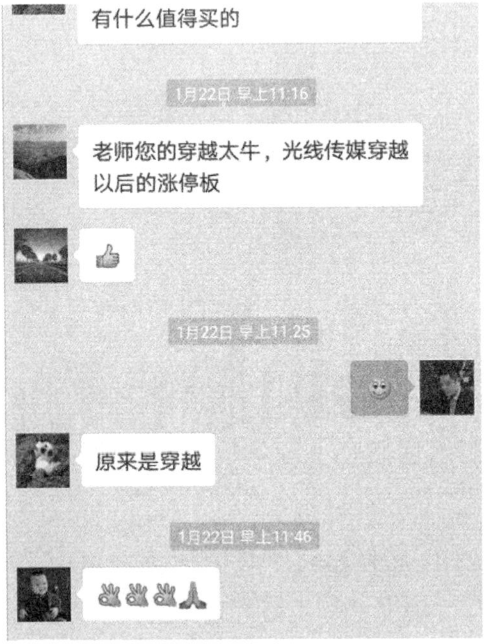

图 8-7(1)

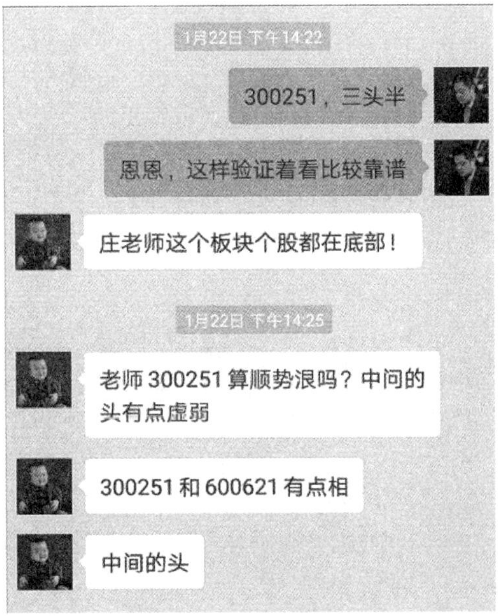

图 8-7(2)

图 8-7(3) 就是当时的形态了。图中 abc 三浪反弹结构非常清晰，1 头、2 头和 3 头是在冲击 500 日均线的时候形成的，但从“半”起来突破 500 日均线后又再次回来了，遇到这样的情况通常会打掉止损，让你离场，这种情况不是个案，而且在多个定式里都会出现。它再次回来寻找底点的目的只有一个，那就是与 b 点、“半”点形成三底穿越的定式，所以前期被打止损的人，在第一定式出现时就会考虑再次买进，后来确实买进了，而且短期内获利不错。

也许你们早就注意到了，反弹浪在三头半形态的推动下完成以后，从 c 点开始就一路下跌了，到今天早就破了 a 浪的起点了，所以这里的三头半形态才界定为反弹浪里的形态。

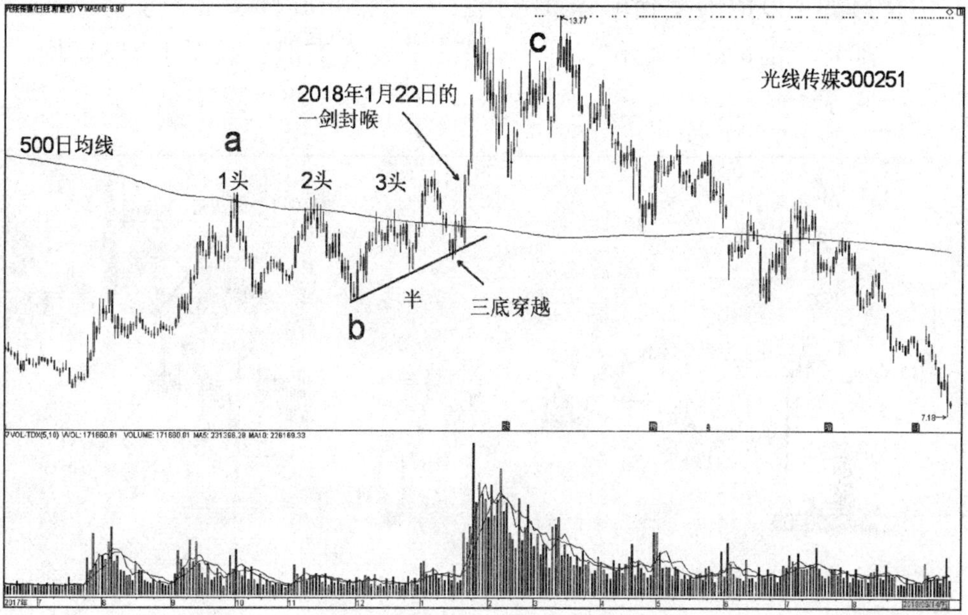

图 8－7(3)

图 8－8(1) 所示为安迪苏 600299 的走势图，这个为了冲击 300 日均线而形成的三头半形态也在反弹结构里，当 3 月 7 日一剑封喉的时候就已经发现，但总体看获利空间不大，很难超过 10 个点，一则当时的大盘环境并不是很好，二则也是由个股本身所处的位置决定的。所以我在 3 月 20 日决定两天内清仓，如果犹犹豫豫一直持有，后来跌下来就会让人颗粒无收的。

大家一起看图 8－8(2) 和图 8－8(3)，现在让大家体会下第二章里开仓点的方法在实际操作中的运用。首先买点信号的成立才决定去开仓，计划是买进 100 万元左右，上午 10 点半前股价从均价线下方上穿了均线且触及了昨日的收盘价，且当时的 K 线已经不再是阴线，可开仓了，先开仓 1.2 万股，到午间收盘时发现股价有启动上涨的迹象，所以即使当时午间休市了，但也立即高挂了 4 万股，以期下午一开盘就能抢先成交。

果然下午一开盘就成交了，股价在横盘一会后就直接上去了，再加4万股的半仓即2万股，过了一会儿股价又上去了，再次加仓之前的一半仓位，即1万股，2点左右股价摸了下8%就回来了。

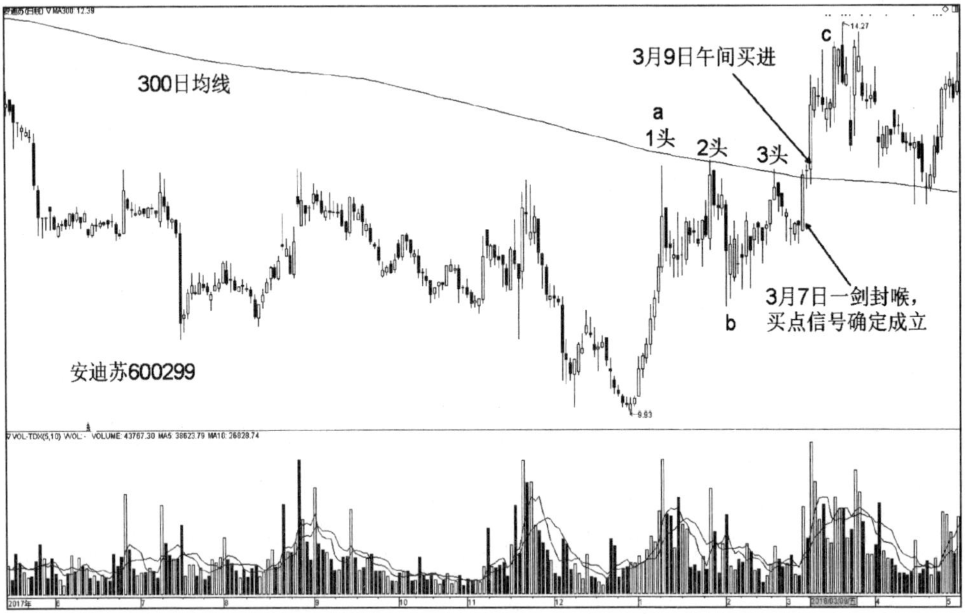

图8-8(1)

证券名称	买卖标志	委托价格	委托数量	成交均价	成交数量	状态说明	委托时间
安迪苏	买	12.620	12000	12.620	12000	已成交	10:27:43
安迪苏	买	12.650	40000	12.645	40000	已成交	11:30:11
安迪苏	买	12.830	20000	12.827	20000	已成交	13:19:23
安迪苏	买	12.940	10000	12.940	10000	已成交	13:26:38

图8-8(2)

这里我不是为了说它涨不涨，涨多少，什么时间涨，而是想告诉你们，底仓的重要性！底仓很多时候直接决定你盈亏多少。怎么买，分几次买，都得事先写个计划，最起码草案得有个。

比如你买了1.2万股，如果股价跌下去了，你还会买吗？别

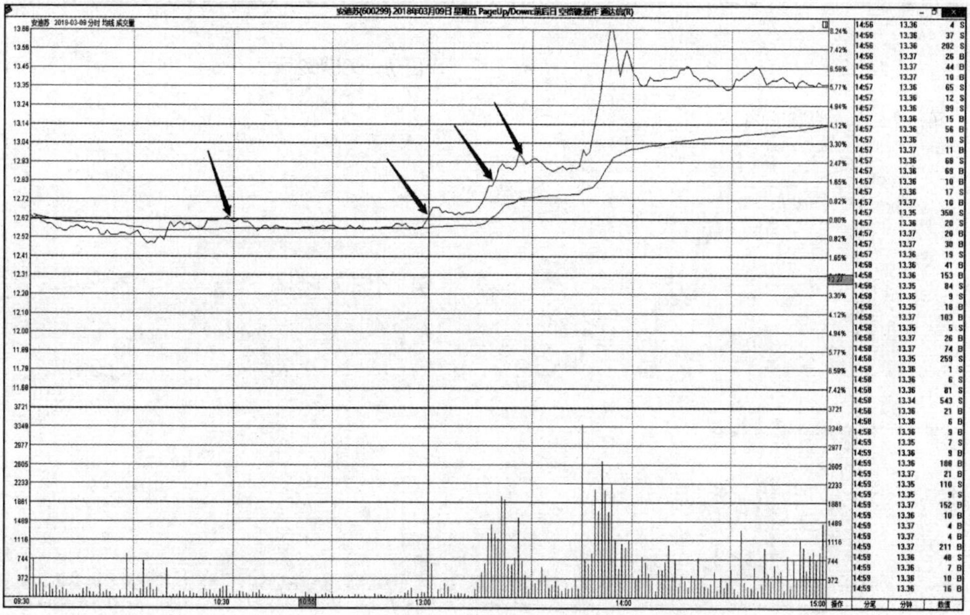

图 8－8(3)

回答买或者不买，那都可能是错误的答案，正确的答案是，你怎么计划的，就怎么按照计划来！当时，上午买了 1.2 万股，中午看股价刚刚抬头就把计划的半仓进去了，结果是对的！下午随着股价的提高继续买进，只是仓位逐步减少，这样保住了利润也就控制住了风险。

图 8－9 所示为中国动力 600482 的走势图，2017 年有两次三头半形态都是出现在反弹结构里，而且形态走出来后涨幅都不高就开始继续下跌，延续原有的趋势了，最后创了结构的新低。

这时候你们可能会问，我分不清楚浪形，即使分清楚了也不知道这里是反弹浪还是主升浪。其实做了这样的股票，如同做了其他任何定式的个股一样，既然事先都设好止损位才会去买股票，那么你们不妨在买进后第一时间设个止盈位，这样就不用纠结这个三头半形态到底是出现在什么位置了！

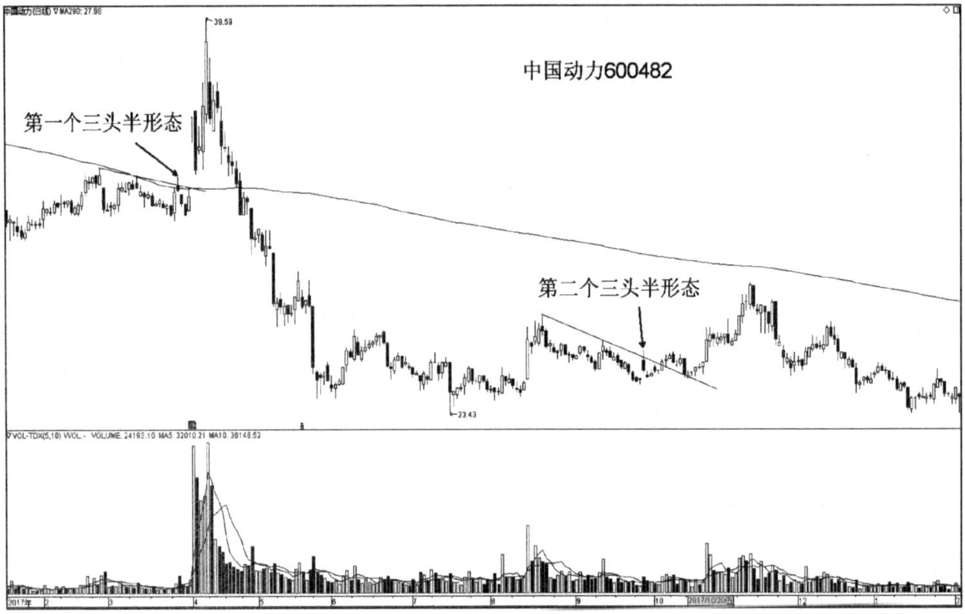

图 8 –9

刚才的几个例子都是三头半形态出现在反弹浪里的，现在我们来看看出现在主升浪里第四浪的情形，图 8 –10(1)和图 8 –10(2)所示为* ST 天业 600807 的走势图，第一幅里显示* ST 天业 600807 有一个长达一年半多的三头形态，这是看跌的形态，按照浪形分析，这整个区间都是下跌过程中 2 浪里的 abc 三个结构。我们知道，不管反弹的 2 浪是个锯齿形调整浪还是平台形调整浪，c 浪都一定是 5 浪结构。

而图 8 –10(2)分析的就是这个 c 浪里第四浪出现的三头半形态，因为这个结构本身的空间足够大，所以我们才会看见三头半形态确定后上涨了近 50%，但之后的下跌 3 浪却是让一直持有的人哭昏过去。因此不管是做一个完整的反弹结构里的三头半形态，还是做五浪上涨结构里的 4 浪的三头半形态，在买进后务必设止盈位，把风险控制放在首位。

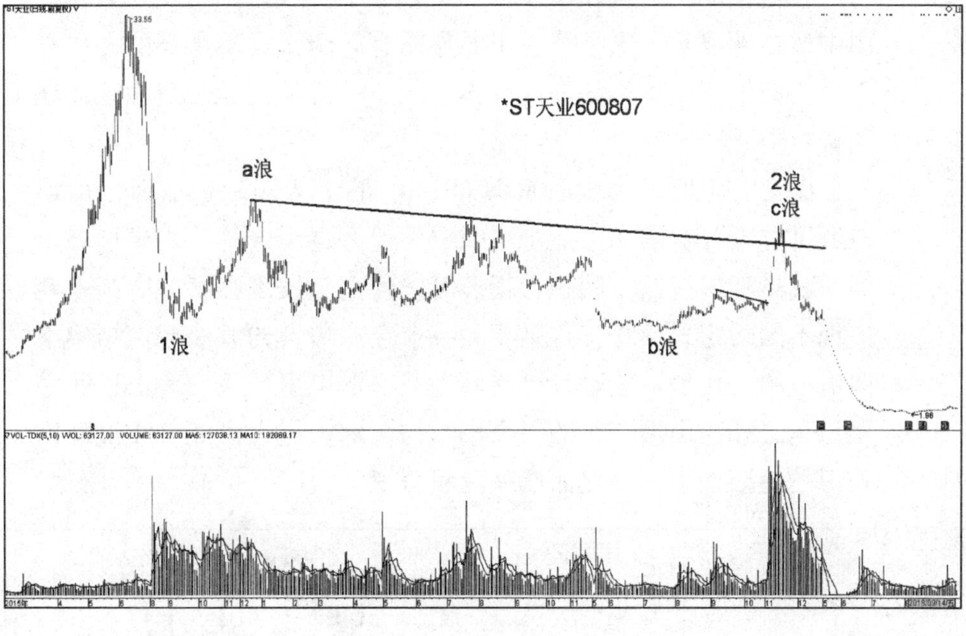
*ST天业600807
a浪
2浪
c浪
1浪
b浪

图 8－10(1)

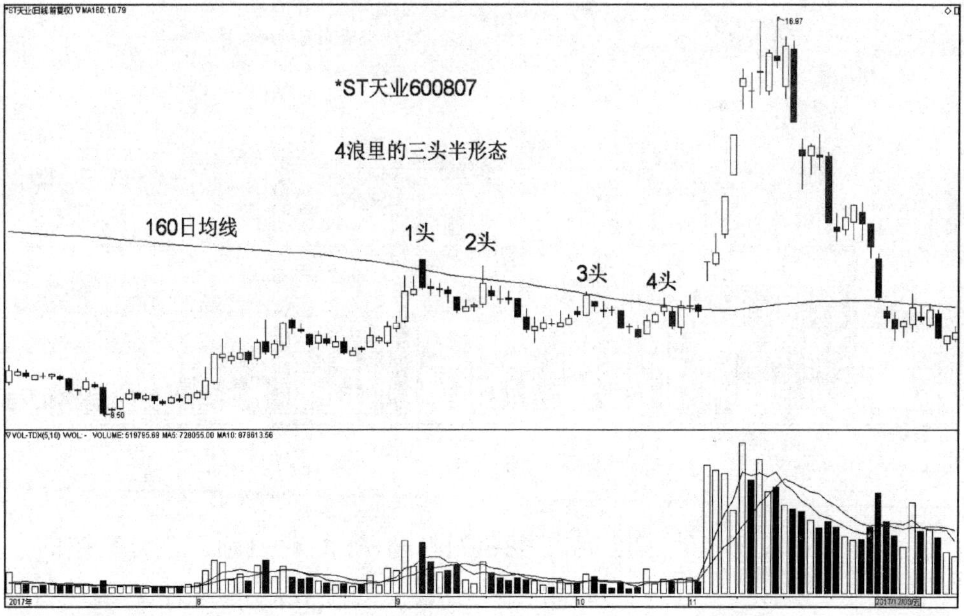
*ST天业600807
4浪里的三头半形态
160日均线
1头
2头
3头
4头

图 8－10(2)

在这幅图里，我用了 160 日均线，目的你们不会不明白吧？图中清晰地显示了这个三头半的形态有四个头，不奇怪的，和有三个头或者五个头等的形态一样，无非等待的都是一个确定成立的买点信号。

图 8－11 所示为金石资源 603505 的走势图，在前面三山形态就讲过它，很多人可能会不明白为什么这里又是三头半形态了呢？我早就讲过这个问题，很多时候你们会发现在某一个买点会出现不同的定式信号，这主要和各个定式包含的波浪理论结构不同造成的，比如三星曜日可能就是三山形态里的某一个山，而甩尾只是二郎担山形态里的一个小结构，这一点大家随着波浪理论知识的逐渐增多，自然而然就能领悟了。

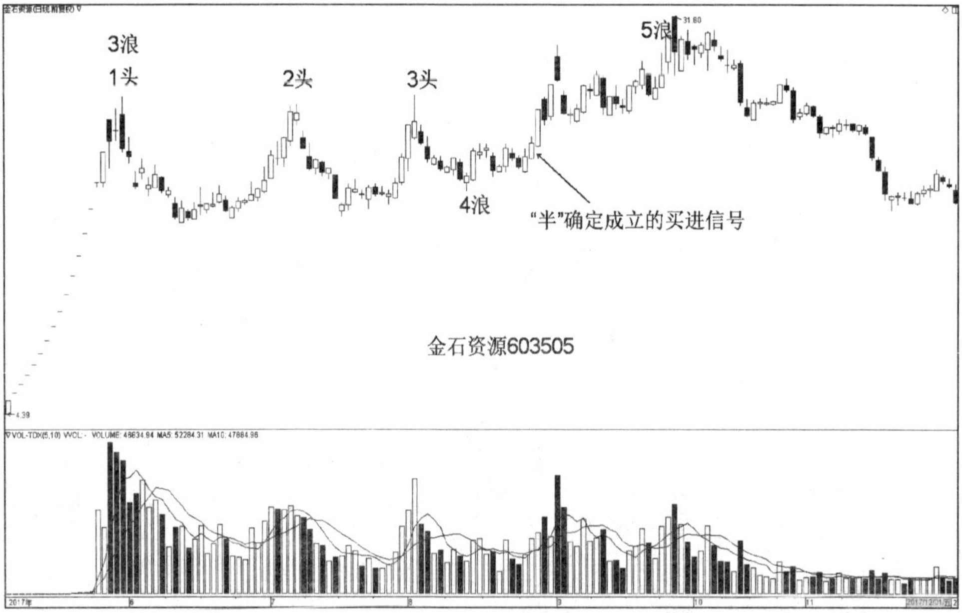

图 8－11

在无中生有买进定式里我说过，在次新股上画黄金分割线的时候通常是把上市后的第一波上涨视为主升 3 浪或者 3－3 浪，因为在后期走势不明朗的情况下这样命名最具有科学性，随着趋势的变化如果发现某只个股这样定义错了，再修改就是，超前性的预判就是让滞后性来修改的！

从这幅图里我想你们也能看出来，三头半形态的买点确定成立信号和三山是同步，因为他们都需要一个一剑封喉！

从上面的一些例子我们能看出来，不论是出现在上涨趋势第四浪里的还是出现在下跌趋势反弹结构里的三头半形态，后期涨幅表现通常都不是很理想，这主要是由它们的结构特性决定的，这个结构特性不单单决定三头半形态之后的涨幅或者说跌幅，还决定了所有买进定式成立后趋势的幅度，这一点大家一定要记好，别轻易断言什么定式涨得高什么定式涨得不高。各种买进定式之后幅度的高低不但取决于本身所处的浪型结构的位置，还取决于大盘环境和所在板块的热度及自身所具有的内涵。

所以任何买进定式都要放在浪形结构里的位置上来研究才会得出最准确的结论，生搬硬套，虽然也能取到一定的效果，但效果肯定要差许多，因此还是建议读者去学波浪理论，不要多，学到三分浪，即能数清楚 34 浪结构，基本上牛熊市就能应对自如，用点心，再有点慧根，一年半载的事。实在不行那就学会二分浪，即能数清楚 8 浪结构，也就两三个月的事，再笨，半年行了吧？

学习波浪理论只要不走入误区，别钻牛角尖，真的很简单！我在 2012 年写第一本书的时候我就达到了六分浪了（有原书图 4 – 15为证），2584 浪的结构呀，那时候波浪理论我才学习了九年时间。波浪理论一开始入门是很简单的，只是后期进步会稍微慢点，但时间只要存在，你们怕什么？

现在，来看看几个处于上涨趋势第二浪里的三头半形态，看它们的涨幅如何。图 8 – 12 所示为寿仙谷 603896 的走势图，我把刚上市一段点点点涨停板的上涨阶段命名为 3 – 3 浪，如果在当时还不知道后期走势的情况下，通常这里会被命名为 3 浪，到后期图中标注为 3 浪的地方就会修改为 5 浪，这种对超前性分析后得出的结论进行修正是很正常的事，但正是这种修正遭到很多不了解波浪理论的人诟病，他们认为千人千浪，永远数不清楚哪一浪到底是哪一浪，这就是典型的不可理喻，无法理解和解决的问题就认为不合理。有这种想法的人，你会永远用一条均线跟踪不同的趋势吗？不可能的吧，不同的个股，不同的时间段，不同的结构，就得修正均线的参数，主动地去迎合走势，对吧？那么你现在还是不是对均线这样的修正也持反对意见？所以，既然均线的参数时不时地需要调整，那趋势变化了，为什么就不能用正确的滞后性现象去修正超前性的对浪形结构的分析呢？也正是这种修正才让操作者大大地提高了成功率，不至于让市场淘汰掉，变成一茬茬的韭菜！

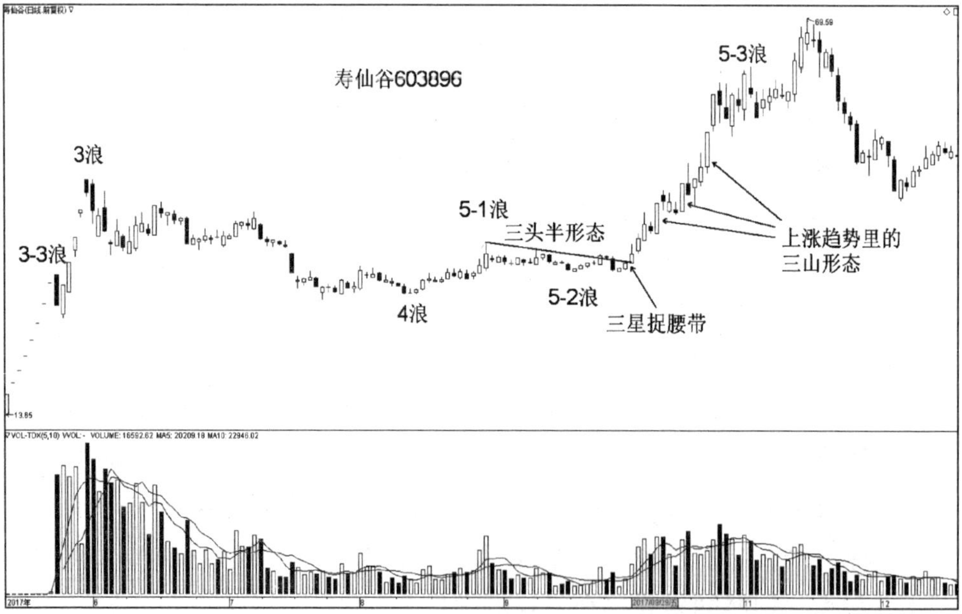

图 8－12

随着寿仙谷的趋势运行到 2017 年 12 月 20 日，图中的浪形标注没有任何问题，或许一段时间后还需要修改，但那也是为了更好地理清楚结构，把握住方向，不奇怪的。从这幅图里我们看到，这个三头半形态实际是出现在 5－2 浪里，所以后期涨幅较大，而这个涨幅却是由一个三山形态来推动的，三个山还都是涨停板，厉害了吧，三山形态竟然出现在了主升浪里，且是5-3-3浪的主体，这个现象我在之前就说过，这些买进定式会出现在任何浪型结构里的，千万不要走入误区，认为某些定式只能出现在驱动浪里，而另外一些买进定式则出现在调整浪里。

当然，也有些定式会出现在特定的位置（注意是位置而不是浪型结构），比如三角形。

图8-13所示为寒锐钴业300618的走势图，在一个完整的五浪结构里，2浪是三头半形态，所以主升3浪气势如虹，之后的5浪也是个三个涨停板的三山形态！大家想一想，三山形态是怎么埋伏的，记得不？今后遇到这样的走势会在第一时间做出决定吗？

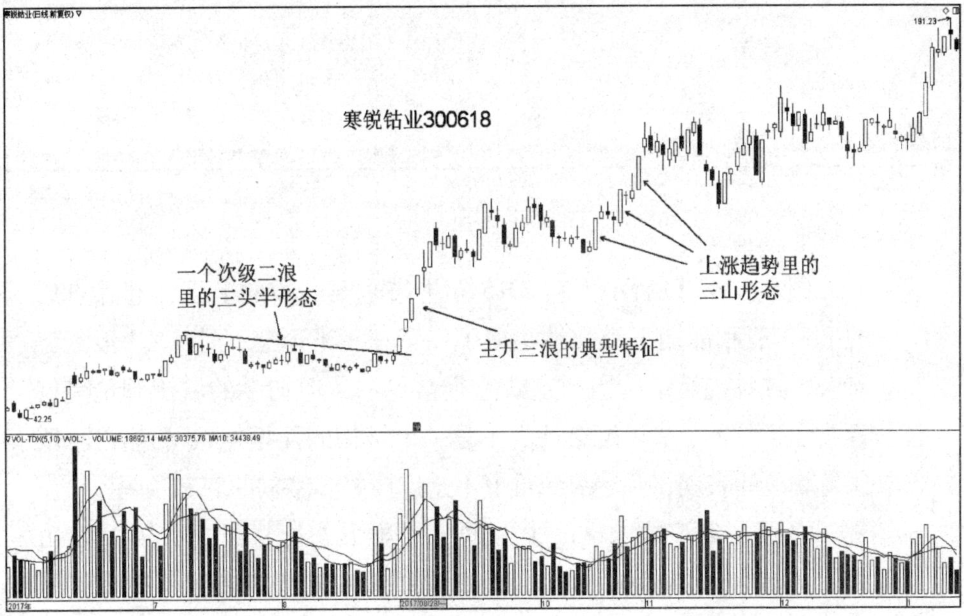

图8-13

现在来看最后一只个股的例子，图8-14(1)所示为洋河股份002304上市不久的走势，刚上市不久就在2浪出现了一个三头半形态，清晰的群过之后一个完整的上涨浪，涨了2.5倍左右，后期又涨那不是这个结构的了。这个没有什么可以大讲的，很套路，主要看第二个图。

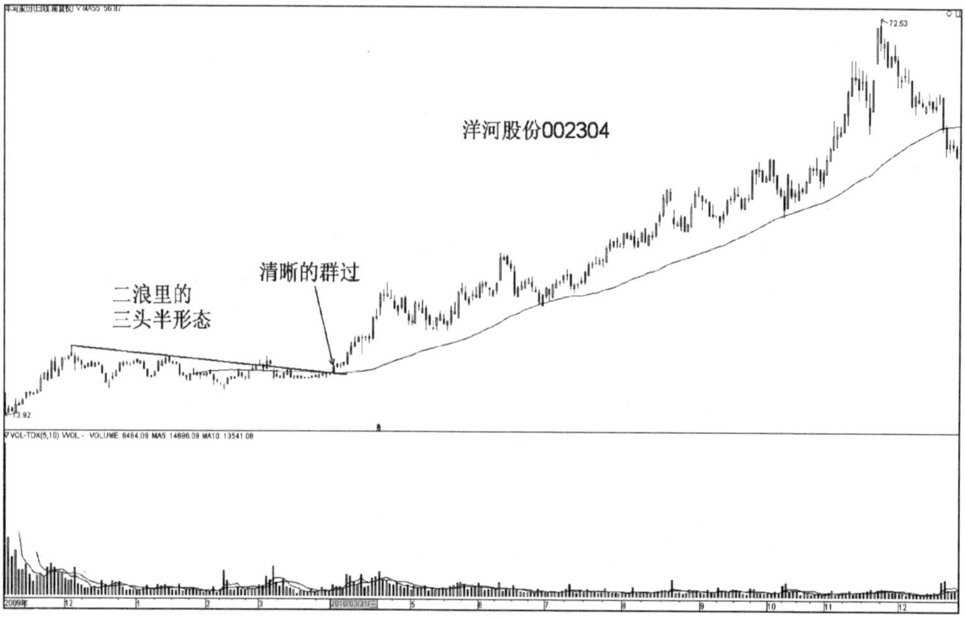

图 8－14(1)

图 8－14(2)所示为它 2015 年牛市时第二段的上涨，起涨点后的 1－2 浪和前期下跌末端组成了一个三头半形态，让 1－3 浪涨势逼人，这种前后结构组成定式是很常见的，但初学的波浪理论爱好者或许接受不了，可能会认为不是一个结构的而拒绝认可这种定式，这是肤浅的表现，画趋势线难道不是连接好多结构的底和顶吗？

之后在 2 浪的末端，上方的三头半形态标标准准，群过发出的买进信号是那么的清晰，而底部的三底穿越又加强了这个信号的可信度，那还等什么？

实际呢，我想让你们看这个由三头半形态和三底穿越形态组成的，出现在 2 浪末端的三角形，做梦都会笑的终结倾斜三角形！现在，你们应该能彻底接受各种定式的大交叉了吧，也知道我为什么先给讲总纲了吧？当把各种定式都掌握的时候，也就是

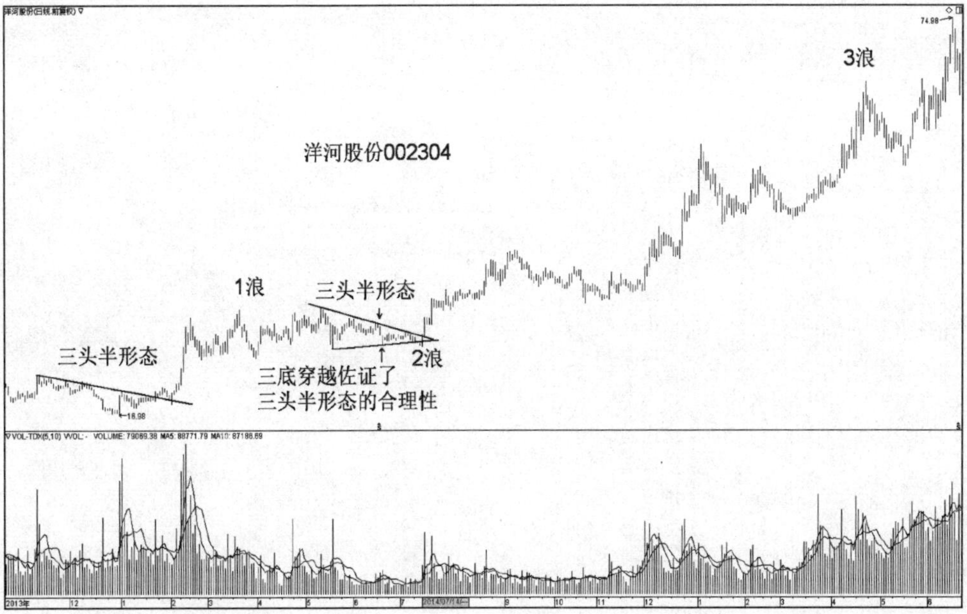

图 8－14(2)

领悟了二生三之后生万物这道理的时候，那时候，不敢说波浪理论大成，但也不远了。

作业：回去找出来三钢闽光 002110 在图 3－7(1)里标注的三次群过时包含的各种买进定式的种类。

备注：对书中论述有疑问的投资者可以扫描下面的二维码，和加作者微信 qhf43043 与我们联系。投资需要不断地学习和交流，我们愿和广大投资者相互交流，共同进步。